Macho Alfa

Macho Alfa

John Danen

Published by Jonh Danen, 2022.

MACHO ALFA

First edition. December 29, 2022.

ISBN: 979-8215092408

Written by John Danen.

Sumário

O que é um homem?

O simples fato de nascer macho infelizmente não faz de você um homem, pois não é a mesma coisa ser homem que ser macho. Assim como no mundo animal existe o macho Alfa no rebanho e existem outros betas, na vida dos homens, quer queiramos quer não, isto também acontece. Há muito poucos homens do sexo masculino entre muitos homens.

Ser um homem é definido mais pela personalidade do que qualquer outra coisa.

Antigamente, os homens eram educados pelos pais para serem machos. Eles costumavam dizer coisas como: "Você não chora, isso é para as meninas, você tem que ser um homem" e coisas assim. Atualmente, suspeito que esta educação, ou pelo menos a transmissão de valores, não é mais feita e por causa desta forma de educação paternal, poucos homens machistas aparecem.

É também uma questão de genética, há alguns que estão preparados para liderar e ser verdadeiros machos quase ao nascer, ou quase ao nascer.

A constituição física também tem uma enorme influência. Porque ser um homem forte e bem construído lhe dá uma posição de superioridade sobre os outros. Embora o caráter da pessoa o faça ainda mais. Ser machista é querer ser machista.

Hoje estamos testemunhando uma criminalização de ser um homem, especialmente ser machista, e o oposto é encorajado. Quanto mais o homem tiver um papel mais feminino, mais feliz será a sociedade. É por isso que eu acho necessário, nestes tempos difíceis, que os homens escrevam este livro no qual a figura do verdadeiro macho homem é justificada.

O verdadeiro homem machista cumpre um papel de liderança e está confiante e seguro de si mesmo. Não tem nada a ver com questões homofóbicas ou machistas, ao contrário, ele é uma pessoa que respeita e se faz respeitar, orgulhando-se de quem ele é.

Ser um homem macho é uma questão de masculinidade, de ser masculino. Há muitos homens, mas poucos homens machistas. Para mim é muito triste ver homens sem características machistas. Homens sem personalidade, sem caráter, que se deixam influenciar e dominar por qualquer pessoa. Que não vivem a vida que querem viver e que são manipulados por todos.

Mas ser macho é algo mais do que isso. Uma garota ou um homem gay também pode ter estas características e não dizemos "ele é macho". Ser macho é algo que vamos descobrir ao longo deste livro.

Características do verdadeiro macho.

Este capítulo é praticamente um resumo de todo o livro. Para mim, as características mais importantes que um verdadeiro homem tem que ter são as seguintes:

Mental.

1. Autoconfiança.
2. Determinação para assumir os desafios necessários.
3. Atitude masculina.
4. Linguagem corporal calma e confiante.
5. Um gosto pelo risco e pela aventura.
6. Ambição.
7. Liderança.
8. Evite o confronto.
9. Discutir assuntos cara a cara.
10. A ser respeitado.
11. Lutar contra qualquer tipo de abuso contra si mesmos ou contra outros.
12. Ajudar os desfavorecidos.
13. Tenha grandes habilidades sociais e saiba como se colocar no ponto de vista do outro.
14. Seja uma pessoa ativa.
15. Seja uma pessoa esportiva e em forma.
16. Possuem magnetismo e carisma atraentes para o sexo oposto.

17. Seja convincente e persuasivo.
18. Seja um bom comunicador.
19. Pessoas como eu.
20. Evite mostrar quaisquer sinais de fraqueza física ou mental.
21. Nunca reclamar sobre o frio ou o calor. Especialmente em tempo frio. Usar roupas leves, independentemente da temperatura externa.
22. Doente muito pouco ou nada.
23. Ser um grande amante. Para realizar proezas sexuais.
24. Tolerar bem a bebida.
25. Ter habilidade para o esporte e se destacar em um deles.
26. Ter um amplo conhecimento geral.
27. Resolver problemas que outros não sabem como resolver, com confiança e determinação.
28. Em situações extremas, assuma a liderança e leve os projetos em andamento a uma conclusão bem sucedida.
29. Ser uma pessoa muito difícil de ser vencida no caso de uma briga. Seja por causa das habilidades físicas, da determinação, ou por causa do caráter agressivo que emerge naqueles momentos.
30. Ser uma pessoa que exige respeito.
31. Seja corajoso, empreendedor e goste de enfrentar desafios difíceis.
32. Liderando um grupo de homens que confiam em você e em seu julgamento.
33. Lutar contra qualquer tipo de abuso por qualquer pessoa.
34. Não encolha diante das dificuldades.
35. Ser uma pessoa otimista e trabalhadora
36. Transmita força e determinação aos que o rodeiam.
37. Dar proteção aos fracos.
38. Incentivar os desanimados.
39. Entusiasmo pela vida.

Físico

1. De preferência, voz masculina.
2. De preferência, corpo musculoso.

Tudo isso eu disse que também poderia ser feito perfeitamente bem por uma mulher. A diferença entre esta mulher líder e um homem machista é que o homem machista exala masculinidade, atração viril e faz tudo isso sendo muito viril, muito masculino. Ele é altamente valorizado e **apreciado entre as mulheres.** Porque não nos iludamos, o macho é muito atraente.

O verdadeiro homem machista é o homem heterossexual que é muito atraente para as mulheres. Com características alfa muito elevadas de segurança e liderança.

Um homem gay com todas essas características, bem, não consigo pensar no que chamá-lo, mas poderíamos chamá-lo de "**macho homem**" depois daquela canção do povo Village. É um nome muito apropriado.

Uma mulher que também reúne estas características de ser muito atraente e todas as acima mencionadas, nós a chamaríamos de uma **mulher Alfa.** Acho ótimo que eles existam e, claro, acho-os super atraentes e super interessantes. Deve haver mais deles.

Não vou negar que gosto de um homem para ter uma masculinidade bem definida, para ser um homem machista.

Eu gosto da mulher igualmente mais beta ou mais alfa. Já estive com ambos e ambos são interessantes. Alguns são ternos e delicados e outros são confiantes e determinados e eu me sinto atraído por todos eles. Deixe-os ser como eles querem ser.

A liderança não se trata de gênero, mas de mentalidades.

- Mulher + características alfa = mulher alfa.
- Mulher + características beta = mulher normal.
- Homem Gay + características Alfa = Macho homem.

- Homossexual + características beta = gay normal.
- Mulher lésbica + características alfa = alfa lésbica.
- Mulher lésbica + características beta = lésbica normal.
- Heterossexual masculino + características beta = macho normal.
- **Heterossexual masculino + alfa características = Verdadeiro macho.**

Vamos nos concentrar nos alfas masculinos heterossexuais, ou seja, os **verdadeiros machos.**

Abuso.

A característica mais importante do verdadeiro homem é que ele **nunca tolera qualquer abuso** de ninguém. Quem quer que o faça, o verdadeiro homem se levanta e exige que o abuso seja parado.

Há um ditado - Tolere o abuso e você será um perdedor, não tolere o abuso e será um vencedor.

Ele sempre dá sua opinião, mesmo que os outros não gostem e mesmo que isso vá contra o sentimento geral. O verdadeiro homem macho fala cara a cara e diz o que pensa de uma maneira educada, mas contundente. Sob quase nenhuma circunstância ele deixa de se manifestar contra a opinião geral se isto for considerado por ele como um abuso ou algo injusto. Porque ele não se importa que as pessoas não gostem dele se são pessoas que abusam ou se aproveitam dos outros. Em algumas circunstâncias, ele pode ficar quieto a fim de traçar melhor sua resposta. Por ter mais informações e mais fatos. Fingindo ser um deles. Mas isso seria em circunstâncias excepcionais. Quando se trata de um caso muito complexo e você precisa reunir mais dados para poder então pôr um fim a todos os abusos.

Ele é inteligente e sabe quando ficar quieto e quando falar.

Resolva com graça.

Outra característica importante é que o verdadeiro macho resolve os problemas com prontidão, graça e resolução. Ele não deixa que as coisas se deteriorem e a situação se torne irreversível. Assim que há um problema, ele o enfrenta, o confronta e lhe dá firme determinação até que ele seja resolvido. Ele sabe que as coisas não acontecem por si mesmas e que elas têm de ser resolvidas assim que aparecem.

Não pode ser adiado, não pode ser deixado para amanhã. Um amanhã que nunca vem. **Um dia com firme determinação vale mais do que uma vida inteira de procrastinação.**

Ele não confia em ninguém para resolver as coisas mais importantes. Ele mesmo as faz a seu próprio critério. Ele pode delegar, mas somente a pessoas em quem confia muito, e é claro que ele não delega as coisas importantes.

Os outros fazem as coisas tarde, devagar e mal. O verdadeiro homem machista enfrenta suas responsabilidades. Ele resolve seus problemas enfrentando a situação com plena convicção.

Hábitos.

Quem tem um bom pensamento em sua mente, diz as coisas de acordo com este pensamento e age de acordo com os critérios deste pensamento também. Assim, do pensamento, passa-se à ação.

Se este pensamento permanecer firmemente enraizado na mente, esta ação será repetida uma e outra vez. Pois é este pensamento dominante que faz com que esta ação seja realizada. Isto dará origem a um hábito, neste caso, positivo.

Quem tem um hábito positivo, acaba por construir uma vida positiva.

Você tem que ter duas coisas para ter sucesso, uma mente positiva e a disciplina para fazer o que você quer fazer.

Mente positiva + disciplina = sucesso.

Mas quais são os bons hábitos a serem praticados para ter sucesso na vida?

Hábito número um. **Tenha uma boa noite de descanso.**

Devemos dormir um mínimo de oito horas por dia, todos os dias. Dessa forma, estaremos lúcidos e fortes o suficiente para enfrentar cada dia. Não podemos estar sonolentos ou cansados desde o início.

Hábito número dois. **Coma um bom café da manhã.**

É a refeição mais importante do dia e quase sempre a ignoramos, ou fazemos um café da manhã ridículo. Comer um café-da-manhã cordial por energia ao longo do dia é mais importante do que parece.

Hábito número três. **Sorria todas as manhãs no espelho** e diga para nós mesmos: "Hoje vai ser um grande dia!

Temos que nos amar, como nós mesmos, nos aceitar como somos e exigir que nos aprimoremos cada vez mais. Portanto, todos os dias vamos sorrir para nós mesmos no espelho e nos regozijar por termos mais um dia de vida para fazer o bem.

Hábito número quatro. **Chuveiro todas as manhãs**. Isto nos dá uma chamada de despertar e uma energia muito boa para começar o dia.

Hábito número cinco. **Coma pouco e saudável**.

Em outras palavras, a quantidade máxima de frutas, legumes e peixes. Evitar carne, massas, carboidratos, bolos, chocolates, doces, pastelaria e álcool.

Uma refeição leve deixa um estômago leve e sangue suficiente para chegar ao cérebro, para que não fique preso na digestão do estômago! Você estará mais desperto e mais enérgico.

Hábito número seis. Todos os dias, **faça uma pequena caminhada** para se refrescar e desconectar. Isto pode ser feito no final do dia de trabalho.

Hábito número sete. **Praticar esporte pelo menos** três vezes por semana, até um máximo de cinco vezes por semana.

Demasiado esporte também é ruim, porque sobrecarrega o corpo. Tem que ser algo agradável e leve que não o desgaste, mas que o energize.

Os esportes de equipe são bons, porque você conhece as pessoas e pratica a socialização com os outros. Colaborar e coordenar com outros é útil para outras coisas na vida.

Hábito número oito. **Excursões na natureza**.

Recomendo dar pelo menos uma caminhada pela natureza por semana. Você pode olhar para árvores e plantas, sentir o frescor, a sensação de paz que elas transmitem e se desligar de tudo. É o que eles chamam de um banho de floresta.

Hábito número nove. **Ter relações sexuais** pelo menos cinco vezes por semana.

Isto é muito bom para sua próstata e sua saúde e, além disso, lhe dá muito prazer. Você não mexe com sua saúde! Você tem que fazer sexo o máximo que puder. Ele aumentará a produção de hormônios que o tornarão mais viril. O mais importante é a testosterona. Você se encontrará mais confiante e em melhor forma. Mais macho.

Hábito número dez. **Faça seu melhor** em tudo o que fizer. O que quer que você faça, faça-o o melhor que puder. Empurre-se, esforce-se para ficar cada vez melhor.

Habitue-se a um número onze. **Fazer uma boa ação todos os dias.**

Ao fazer isso, você irá melhorar a vida de uma pessoa a cada dia. Essa pessoa, por sua vez, será mais feliz e poderá fazer o mesmo pelos outros. Isto cria uma cadeia de felicidade que começa com sua vontade de fazer o bem.

Hábito número doze. **Faça algo novo a cada semana.**

Saia de sua zona de conforto, faça coisas novas, mesmo que não goste muito delas. Vá para lugares diferentes, mude suas rotinas. Desta forma, você expandirá e ampliará seu mundo, suas experiências e terá mais riqueza interior. Você conhecerá pessoas e situações diferentes. Saia de sua zona de conforto pelo menos uma vez por semana.

Hábito número treze. **Aprenda coisas novas** ou aprofunde as coisas que você já sabe.

O conhecimento não ocupa espaço. Fazer mais pesquisa, estudar, aprender coisas, quem sabe se você não precisará delas mais tarde? Quanto mais você ler e quanto mais aprender, mais culto você se tornará e mais sábio e tolerante você será. Isto lhe proporcionará uma importante atração pessoal.

Hábito número quatorze. **Dedicar-se** constantemente **ao crescimento pessoal.**

Ler livros de auto-ajuda. Fazer afirmações positivas. Ler livros sobre programação neuro-linguística. Pratique o que está escrito nesses livros.

Melhore sua voz, melhore sua linguagem corporal, melhore sua autoconfiança. Melhore sua atratividade, melhore seu carisma, melhore sua capacidade de persuasão e melhore sua capacidade de seduzir. Em suma, crescer constantemente através de afirmações, visualizações, leituras e exercícios. Isto é o mais importante. Não se contente em ser do jeito que você é. Seja sua melhor versão, que nem sabemos onde ela está. É muito, muito alto. Tão alto quanto você pensa que pode ir.

Hábito número quinze. **Cercar-se de pessoas positivas**.

As pessoas devem ser julgadas por suas ações e pelos resultados que elas produzem. Há muitas pessoas que são tóxicas, negativas, pessimistas e derrotistas. Pessoas que vivem vidas amargas e que transmitem a frustração que carregam dentro de si. Mesmo que eles não digam nada, toda a negatividade é transmitida através de sua linguagem corporal.

É por isso que temos que nos reunir com pessoas que são positivas, que contribuem, que são boas. Temos que nos afastar de todos esses personagens nocivos. Vá com seu instinto.

Hábito número dezesseis. No final do dia, **refletir sobre** tudo o que aconteceu e como melhorar. Agradecer pelo dia e nos perdoar completamente por nossos erros. Nunca guardar ressentimento para com ninguém. Livrar-nos de qualquer culpa, raiva, pesar ou dor. Especialmente se essas emoções são sobre nós mesmos, pois nos amamos profundamente.

Hábito número dezessete. **Seja feliz** mesmo que não haja nenhuma razão.

É um estado de espírito. Ser feliz é uma escolha e não depende do que acontece com você ou das circunstâncias ou de qualquer coisa. Depende apenas de você. Há pessoas na África que não têm nada e são super felizes. Não deixe que as coisas que acontecem com você o afetem. Leve tudo bem e seja feliz mesmo que esteja à beira da morte, ou após um revés no amor ou no dinheiro.

Tudo o que nos acontece é o que precisamos e será compreendido no futuro.

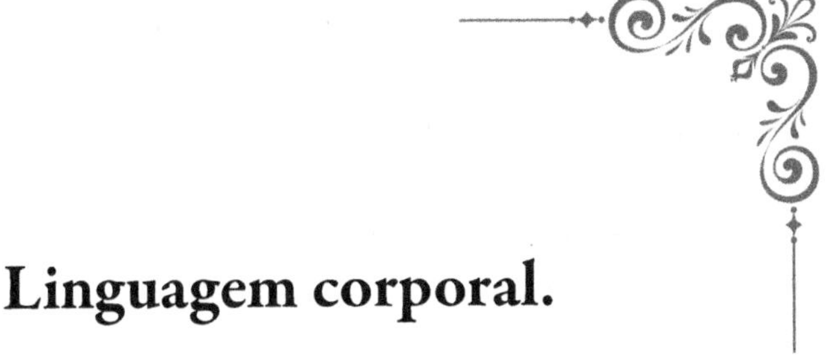

Linguagem corporal.

Isto já foi dito mil vezes, em mil livros, mas eu insisto mais uma vez. Apenas 7% da comunicação é o que se diz, o resto é linguagem corporal (55%) e voz (38%).

Para aumentar sua atratividade e transmitir subliminarmente que você é um homem de alto valor, pratique isto.

Escuta ativa.

Ouça, com atenção. Mostre que você está atento e entendeu o que lhe foi dito. Olhe-a nos olhos, acene com a cabeça. Mostre que ela é uma pessoa especial e merece toda a sua atenção. Isto dá um toque de cavalheirismo muito agradável.

Use uma voz sexy:

1. Falando mais devagar.
2. Tom baixo.
3. Enfatizar.
4. Volume modulável. Geralmente um pouco mais alto do que o normal.
5. Ensaiar a leitura em voz alta. Intonado.

Ter uma linguagem corporal que denote confiança:

1. Expandir, ocupa muito espaço.
2. Olhe-os nos olhos até 70% do tempo.
3. Enfatizar as palavras com gestos. Por exemplo, a mão direita aberta faz um corte no ar para dar mais poder ao que é falado.

4.　Gestos um pouco mais do que os demais.
5.　Evite braços cruzados, tenha posturas abertas.
6.　Seja relaxado e fluido. Evitar tensões e músculos apertados.
7.　Mantenha suas costas retas.
8.　Ele sorri, mas nem sempre, e não para todos.
9.　Andar em pé.
10.　Incline-se para a pessoa com quem você está falando.
11.　Evite bater com os dedos.
12.　Use o relacionamento.
13.　Mostra as palmas das mãos.
14.　Mova-se lentamente.
15.　Leve tempo para responder. Use silêncios a seu favor.
16.　Esmague seus olhos, relaxando suas pálpebras. Este é o chamado olhar sedutor. Sorria com os olhos estreitos.

Ele é sempre atraente. Mesmo quando sozinhos.

Confrontos.

Esta é uma característica muito importante. **Um verdadeiro homem machista nunca evita o confronto.** O mundo está cheio de pessoas que são educadas, respeitosas, respeitosas, educadas e freqüentemente abusadas por seu excesso de gentileza.

Lembra-se de Zapatero? Claramente um macho beta colocado em um lugar que não lhe pertencia. Dialogar e ser conciliador com todos. Pelo que entendi, eles não o respeitaram e teve que ser o Rei, um verdadeiro Alfa, que disse a Chávez: Por que você não se cala?

Normalmente você tem que ser assertivo, ou seja, uma pessoa que afirma seus direitos de maneira educada, tolerante e respeitosa. Mas há momentos em que você tem que ser agressivo e fazer-se respeitar de uma maneira mais forte e mais enérgica e muito menos educada.

Como eu disse antes, quando se trata de abuso, o homem enfrenta o abusador e exige seus direitos com grande força. Intimidando e intimidando o adversário. Isto é conseguido olhando nos olhos do adversário com um olhar fixo, determinado e desafiador. Um olhar que transmite a determinação de que o abuso não será tolerado, não importa o que aconteça. Um olhar que diz que você está disposto a fazer o que for preciso.

Uma das características dos machos beta é que eles evitam o confronto. Eles toleram abusos e, portanto, são abusados. Porque têm vergonha de protestar, porque o consideram violento e preferem ser maltratados do que enfrentar confrontos. Isto é o mais anti-macho que existe. Precisamente o macho é caracterizado por uma boa dose de hormônios masculinos, de testosterona, que incita à violência e à luta, que de outra forma ele ganharia.

Assim era nos tempos pré-históricos quando o macho mais forte e dominante estava no comando. Era ele quem caçava o melhor, o mais determinado, o que tinha feito grandes feitos. Aquele que tinha enfrentado o chefe anterior e o derrubou. Ele teria seus conselheiros, que lhe davam conselhos, mas era o alfa que estava no comando.

As mulheres foram atraídas para o líder do grupo. Isso ainda está em seus genes após milhões de anos de evolução e não lhes é de forma alguma tirado. Estamos há pouco mais de cem anos na era atual, que creio ter começado com a invenção do automóvel. Ou seja, a partir de 1900.

Nos genes está a essência da pura atração ancestral que não tem nada a ver com o intelecto. A atração por este macho forte e dominante ainda funciona cem por cento.

Quem recusa esta atração vai contra a natureza, pois é isso que a vida e a seleção natural querem. Para procriar com o macho forte ou aquele que exerce uma liderança forte.

Através do intelecto, alguns corrompem este princípio, indo contra a natureza em busca de outros homens, mais dóceis e menos líderes. Mas eles mesmos sabem que perpetuarão genes piores e que isso será prejudicial para a espécie.

O mesmo vale para pessoas ricas, ou pessoas em posição de poder se não forem "o verdadeiro machão". Um macho, naco, atlético, musculoso, com capacidade de liderança, com alta autoconfiança. Eles estão igualmente pervertendo a vida e indo contra a natureza.

Se a natureza lhe dotou de um corpo atlético e você tem mais hormônios masculinos correndo através de você do que outros, você está destinado a ser o alfa.

Esta coisa do corpo é muito importante, pode haver alguns alfa não-militares, mas a maioria deles são.

Por esta razão de conhecer-se a si mesmo como o alfa, **você deve buscar insistentemente e permanentemente sua posição de poder** na sociedade. Você deve afirmar o que lhe foi dado pela natureza e não se contentar com empregos ou situações em que não exerça sua liderança natural.

Você deve ser o macho que obtém o maior número e/ou as melhores fêmeas.

Você deve ser o responsável pelos grupos.

Você deve desafiar qualquer pessoa que não tome uma posição submissa em relação a você.

Por todas estas razões, sou totalmente contra trabalhar para outros, onde os homems beta podem mandar em você. Eu sou a favor de fundar sua própria empresa.

Quando um macho beta em posição de poder obtém uma fêmea, é por interesses econômicos e para garantir um meio de vida para possíveis descendentes, mas não por atração natural. Quando um macho Alfa recebe uma fêmea, é por causa da atração natural.

Estes homens beta em posição de poder que conseguem atrair as mulheres não poderão mantê-las por muito tempo. Porque seu sucesso não se baseia em uma atração natural real. Portanto, eles são propensos a serem enganados. Eles vão procurar o verdadeiro Alfa.

Alguns podem preferir a opção beta, mas sabem que a atração real e natural é sempre o alfa.

O que o alfa tem que fazer é ajudá-los um pouco. Colocando-se na posição de liderança e poder que é naturalmente sua. Então, as coisas seguirão seu curso natural.

O valor do macho.

O verdadeiro macho tem que demonstrar grande coragem e bravura diante dos animais, inimigos ou situações perigosas, se as circunstâncias assim o exigirem.

Onde um homem já foi visto a fugir de uma situação perigosa? Isso o faz perder todo o valor que supostamente deveria ter, o valor intrínseco como um macho interessante para a fêmea.

Estou falando de uma maneira paleolítica, porque tudo isso vem daquele tempo ancestral.

O macho deveria ser aquele que protegia e cuidava de sua tribo. Aquele que enfrentou os inimigos, aquele que os defendeu do ataque dos animais, aquele que encorajou e encorajou os outros a sobreviver na natureza. Aquele que liderou, aquele que organizou o que fazer, para onde ir? O que caçar? Que frutas colher? Onde se abrigar? Todas estas foram as decisões de nosso macho Alfa. E é por isso que ele era tão valioso para toda a tribo. Ele era a pessoa mais valiosa.

Por todas estas razões, uma das características mais importantes deste homem primitivo era a **coragem e a bravura**. Hoje em dia, devemos cumprir este papel de proteção e coragem quando estamos diante de um perigo. Especialmente se uma mulher estiver envolvida, nosso papel é protegê-la e ajudá-la.

Portanto, uma pessoa que tem valor é também uma pessoa valiosa. Ainda hoje.

O lugar do macho alfa na escada de força.

Por sua genética privilegiada, por seu corpo atlético, por sua mente resoluta, por sua liderança natural. O macho alfa hoje tem que ocupar as mais altas posições em nossa sociedade, que é seu lugar natural.

É nossa responsabilidade alcançar essas posições de poder em todas as esferas. Penso que temos as armas certas para fazê-lo e não podemos nos contentar com posições subordinadas ou secundárias.

O verdadeiro homem é um líder que tem que ocupar sua posição preferida em qualquer organização, trabalho ou situação social.

Portanto, temos que aplicar nossas cabeças para voltarmos ao lugar a que pertencemos.

Para isso, utilizaremos:

Inteligência.

O mais importante de tudo. Tomar as decisões corretas e concentrar nossos esforços em questões interessantes. Fazer um bom plano para atingir os objetivos da maneira correta, sem perder tempo com outras questões.

Determinação.

Implementar o plano e levá-lo adiante, superando quaisquer obstáculos.

Disciplina.

Forjar um hábito de trabalhar para atingir esse objetivo. Não desanimar e cumprir nossas obrigações diárias para alcançá-lo.

O verdadeiro inimigo.

O verdadeiro inimigo é sempre você mesmo. Não é o rival, nem pessoas externas. É você, com sua falta de autoconfiança, que se limita e não acredita que você é digno das coisas e, portanto, não as realiza.

Portanto, todo o nosso treinamento deve ser mental. Visualize-se constantemente em seu papel de sucesso e nunca vacile em sua autoconfiança. Pense em você mesmo como uma pessoa sem limites, capaz de atingir qualquer objetivo.

O risco.

O verdadeiro homem ama o risco e gosta de se expor a ele com regularidade.

É por causa da adrenalina que se segrega quando se está em uma situação de risco que se cria um vício e se precisa cada vez mais dele. Assim, você se expõe a cada vez mais riscos de risco de vida.

É por isso que o homem já teve inúmeros acidentes ao longo da história. Primeiro a cavalo, depois em carros e motocicletas. Tudo por causa de seu gosto pelo risco.

Muitos morreram, e a taxa de mortalidade é muito mais alta do que a da população em geral, já que esportes ou ações de risco são sempre procurados.

Alpinismo, escalada, bungee jumping, salto de base, paraquedismo, rafting, esqui. Os acidentes são uma triste realidade por causa de um gosto pelo risco.

Você tem que ser macho e pode gostar de correr riscos, mas de uma forma controlada. Eu prego tendo uma cabeça e não me expondo muito a coisas perigosas.

Outras práticas de alto risco são: saltar de penhascos para o mar, nadar em rios de fluxo rápido, saltar das árvores para o rio e muitas outras atividades que põem sua vida em risco. Portanto, tenha cuidado, você não precisa estar constantemente provando sua masculinidade.

O macho também tende a gostar de cães perigosos, ou de animais exóticos. Como cobras, tarântulas, escorpiões. Olhe para Mike Tyson que tem um tigre como animal de estimação. Parece que quanto mais perigoso o animal de estimação, mais masculinidade é mostrada. Mas isto é um disparate que não tem nada a ver com sua masculinidade. Rezo para que as pessoas caiam em si e não se exponham ao perigo.

Eu sou o primeiro a me expor insensatamente a riscos desnecessários. Eu saltei de árvores e cordas para o rio. Subi em árvores. Subi montanhas e até caminhei à noite, no inverno e no nevoeiro, por florestas escuras. Subi em túneis em ruínas e explorei casas e ruínas abandonadas. Confrontei vespas de veludo. Nadei à noite nua e intoxicada, em rios enfurecidos e em praias desertas.

Uma vez subi um pico até chegar a um pequeno parapeito. Era cerca de um pé de largura sobre um penhasco. Eu podia ver as copas das árvores abaixo dos meus pés. Ali, encostado à parede, continuei até não poder ir mais longe. Minhas pernas começaram a tremer e eu tive que voltar para trás.

Em outra ocasião fui caminhar nas montanhas com meu primo. Mais como escalada do que caminhadas. Quando chegou a hora de voltar porque estava ficando escuro, torci minha perna e estava escuro na montanha. Tivemos que descer pelas silvas sobre penhascos para chegar ao carro, caso contrário passaríamos a noite na montanha isolados. Graças a Deus, éramos dois! Graças a isso, saímos de lá. Portanto, nunca vá sozinho e tenha um pouco de cabeça.

Em outra ocasião, vi as ruínas de uma igreja. Fui até lá e subi uma escada que não tinha corrimão nem nada, até a torre do sino. Na descida escorreguei em uma fábrica e minha perna ficou pendurada no ar, e por um milagre consegui me pegar. Caso contrário, eu teria caído dois andares no chão.

A todos aqueles que morreram em conseqüência dessas atividades, que descansem em paz. Tenha cuidado na estrada, pois este não é o lugar para provar nada.

Qualquer pessoa que queira correr para o circuito.

Um macho também deve saber se controlar, para não colocar em perigo os outros ou a si mesmo.

A educação do homem.

Nos velhos tempos, eu já disse que você foi educado para ser um homem de verdade. Não foi permitido chorar, não foi permitido mostrar sentimentos. Isto não é mais feito de forma alguma.

Quero lhes contar sobre a educação espartana que recebi de meu tio que melhorou muito minha masculinidade.

Meu pai foi inibido de nos dar uma educação masculina por assim dizer, tudo o que ele fez foi punir e proibir as coisas, mas ele não nos deu nenhuma conversa ou nenhum ensinamento sobre as mulheres, ou o que é ser um homem na vida, ou como se comportar.

Felizmente a longo prazo, mas terrivelmente difícil na época, houve meu tio para administrar essa educação de uma forma extrema. Difícil.

E eu ainda estava muito bem, porque seus filhos iriam para uma surra com a menor falta.

Eu o comparo a um desses sargentos da Marinha. O da jaqueta de metal era um pouco mais tonificado, mas às vezes tinha esse aspecto.

O treinamento pelo qual nós crianças passamos naqueles anos foi muito difícil. Depois disso, não precisávamos fazer o serviço militar, pois teria sido um pouco leve em comparação.

Entre os dez e dezoito anos de idade, passamos por essa instrução, que agora vou detalhar.

Meu tio tinha um barco fora de borda e costumava mandar meu primo e eu para levá-lo da praia para o mar, do mar para a praia, juntamente com outras tarefas, tais como conseguir gasolina e transportar pertences. Isto foi feito no verão, não todos os dias, mas bastante. Colocá-lo três vezes por semana durante dois meses a cada ano.

Eu narro como foi um dia normal de treinamento.

Primeira fase. O repositório.

Meu tio manda as crianças para uma praia a quase dois quilômetros de distância, para que possamos pegar o tanque de gasolina e trazê-lo de volta para o barco, que fica em outra praia. Meu primo e eu fomos lá e voltamos carregados com o tanque, que pesava muito, cerca de 20 quilos. Isto foi apenas uma ou duas vezes. Agora que o tempo passou, acho que ele fez isso para completar nosso treinamento com o trabalho mais árduo. Éramos um pouco mais velhos, tínhamos 16 ou 18 anos de idade.

Depois de transportar o tanque naqueles dois quilômetros, chegamos ao barco onde o cara o colocou no lugar, o ligou e passamos à fase dois.

Segunda fase. Leve o barco para o mar.

Esta fase foi muito difícil. O barco, que pesaria cerca de 500 quilos, tinha que ser levantado da ponta. Depois tivemos que colocar rolos no fundo para enrolar, aproximando-o do mar, às vezes 30 metros.

Meu tio costumava levantar o barco da ponta. Mas em outros momentos ele nos enviaria e teríamos que levantar a ponta e segurar o peso do barco como animais. Então a ponta cairia com todo o seu peso sobre o rolo. Ele nos mandaria de volta e começaríamos a empurrar o barco com todas as nossas forças. Enquanto pressionávamos, o cara nos repreendia, nos humilhava e nos insultava, nos chamando diretamente de garotinhas, de bichas ou de paneleiros.

Quando o barco finalmente chegou ao mar após vários empurrões, a fase 3 começou.

Fase 3. Ligar o motor.

Esta fase foi terrível, porque aqui o cara ficou ainda mais nervoso. Muitas vezes, o motor pararia e não arrancava corretamente. Então você teve que subir e puxar a alavanca com todas as suas forças até o motor ligar. Correndo o risco de cair de borda fora do exercício. Ou você tinha que segurar o barco na água para que ele não se movesse. Você tinha que cumprir as ordens do meu tio imediatamente e corretamente ou houve uma terrível repreensão. Foi aqui que ele mais perdeu o controle e mais nos atacou. Se alguma vez ele escorregasse ou caísse do esforço de puxar a porra da alavanca, ele nos repreenderia ainda mais. Se não começasse bem, ele repreenderia as crianças do nada. Quando a porra do motor finalmente começou, ele fez você subir ao mar sem uma escada ou qualquer coisa. Tudo isso com a hélice funcionando. Eu me lembro da fumaça branca tóxica, das bolhas e do barulho. O cara começou o barco lentamente e se você não tivesse entrado antes, você tinha que entrar com o barco funcionando. Não sei como, mas sempre conseguimos entrar. Deve ter sido por causa da tensão que tínhamos e do medo de cair e ser pego pela hélice.

Fase 4. a todo vapor.

Uma vez que ele iniciou o barco, o rosto de meu tio mudou e ele se tornou mais amigável. Era então que ele sorria com seu sorriso de vampiro e se dirigia para as maiores ondas que pudesse encontrar.

Nós, crianças pequenas, estávamos assustados, mas você não podia dizer nada porque era apenas um moço de recados.

Quando ele via uma boa onda, o cara se alinhava perpendicularmente a ela para que o barco saltasse o mais longe possível. Em meio a risos e alegria de sua parte, o homem estava em êxtase realizando estas atividades.

Mas não contente com isso, ele pensou que tinha que colocar mais peso na ponta, para que o barco andasse ainda mais rápido. Então, ele mandou meu primo e eu para ficarmos ali. Agarrar-nos-íamos ao pára-brisas do barco, e assim ele pegaria mais velocidade, e cavalgaria as ondas mais terríveis com violência selvagem, em meio ao terror das crianças. Havia um risco real de voar para fora do barco e cair no mar, ou para o fundo do barco. Não era brincadeira, pois na verdade não havia onde se agarrar, sem gradeamento, nada.

Um dia, houve uma grande onda e eu voei tão longe que quase me virei. Por sorte eu agarrei o pára-brisas e foi por isso que não caí no mar. Eu vi o céu, flutuando sobre o barco, segurando o pára-brisas. Quando caí, bati na borda do pára-brisas e cortei as costas de tal forma que tirei sangue.

A rota normal que fizemos, ele o fez com sua esposa em 45 minutos e conosco em cinco minutos.

Pouco a pouco fomos ficando corajosos com estas atividades, deve ser dito.

Fase cinco. Deixando a panela.

Alguns dias meu tio enlouquecia com velocidade e executava ações imprudentes que punham em perigo toda a tripulação. Você estava se agarrando ao barco, que ia tão rápido, que parecia que se você o deixasse ir, voaria para trás. Não foi tanto assim, mas nos deu essa impressão.

Um dia ele começou a seguir um veleiro e as ondas que ele estava fazendo nos pegaram de frente. Como resultado, o barco se escondeu muito mal e meu tio caiu na parte de trás do barco. O barco ficou sem capitão, navegando a toda velocidade, sem ninguém para dirigir. Ele por pouco não caiu no mar. Quando se recuperou, ele nos levou para o mar, dizendo que estava ferido e que estávamos aterrorizados. Mas no final nada aconteceu com ele.

Em outro dia, um surfista estava chegando à sua frente e ele estava seguindo seu próprio caminho. Ele não saiu do caminho e, no final, colidiu com ele. A prancha de surf caiu e bateu na cabeça de minha mãe. Felizmente nada aconteceu com o surfista ou com a mãe.

Novamente ele estava indo a toda velocidade e não percebeu que havia deixado a âncora. À medida que avançava, ele arrastava o largo barco ao longo do fundo do mar a toda velocidade. Se ele pegou uma pedra, ele parou o barco em seus trilhos e voou cinco ou seis metros conosco, e só Deus sabe se não fomos mortos.

Mas a maior gafe foi aquela que ele fez com meu irmão e primos mais novos.

Depois de terminar nosso treinamento, satisfeito com a forma como estávamos bronzeados, ele os tomou pelo pescoço e fez algo ainda mais difícil. Consistia em sair para o mar, colocá-los a dois ou três quilômetros da costa. Uma vez lá, ele lhes disse para pular no mar e os deixou lá flutuando **por duas horas. Ele** os deixou com os rolos usados para puxar o barco para dentro e para fora do mar para que eles não se afogassem. Eles ficaram lá como náufragos e ele o fez duas ou três vezes.

Isto nos fez uma vez por um curto período de 5 a 10 minutos.

Outro dia eu acho que me lembro que o barco começou a navegar, mas não havia ninguém dentro dele e ele começou a andar sozinho e tivemos que embarcá-lo para que ele não fosse por ali. Não me lembro muito bem disso, acho que foi a alguns metros.

Fase 6. colocar o barco na praia.

Depois de todas as vicissitudes pelas quais estávamos passando, isto foi bastante fácil. Com a inércia que eu carregava, eu já estava enfiando a ponta na areia. Depois tivemos que levantar e empurrar como na fase de puxar o barco para fora. Foi muito fácil e já éramos adultos por causa das experiências aterrorizantes e o fizemos muito bem. Ele não nos repreendeu muito, pois já havia desfrutado de sua boa viagem.

Avaliação final.

Este é o ensinamento macho que recebi de meus amigos. Isto, com muitas frases para torná-lo duro e corajoso.

Era muito ruim às vezes, mas na maioria das vezes estávamos felizes com o barco. Divertimo-nos muito porque nos tornamos mais corajosos e mais corajosos. A longo prazo, saímos de lá endurecidos. E anos depois de nosso treinamento ter terminado, o cara teve palavras de reconhecimento e apreço por nós. Quando explodimos seu motor anos após a bengala que lhe demos, ele não nos repreendeu de jeito nenhum. Ele provavelmente ficou satisfeito com isso.

Acho que outras pessoas já tiveram outros caras e outros barcos que os curtiram. Aqui eu lhe contei o que aconteceu.

No final eu digo: "Obrigado, cara!

A imagem do macho.

Um homem cria seu estilo pessoal. Tem pouco a ver com modas, nem com pertencer a grupos sociais.

Pode haver homens vestidos de maneiras diferentes e todos eles são machos válidos. Há aqueles que se preocupam muito com sua imagem e aqueles que não se importam nada com ela.

Em geral, quanto menos adornos um macho usa, mais puro e macho ele é. Isto é, pulseiras, anéis, pingentes, piercings, tatuagens, etc. Quanto menos você usa, mais confiante você está e menos dependente de fetiches de autoconfiança. O verdadeiro macho tem grande autoconfiança independentemente de como está vestido e não precisa de nenhum apego.

Isto não quer dizer que não haja homens que adorem usar pingentes, pulseiras, anéis e todos os tipos de acessórios porque gostam. Eu pessoalmente gosto de usar várias coisas.

Também acho que é muito importante ter barba, o que é um atributo muito masculino. O bigode e a barbicha também aumentam a masculinidade. E, é claro, não fazer a barba. Um homem machista não é de todo metrosexual, ele é cabeludo e orgulhoso disso. Pode haver homens muito bonitões e másculos com cabelos raspados, mas para mim eles não são nada machos.

O macho está tão confiante que muitas vezes não se preocupa muito com sua imagem e não usa roupas de marca ou caras ou qualquer coisa que o faça fazer parte de um grupo social.

O macho usa uma imagem padrão, válida para todos os contextos. É adequado para um concerto de rock e para um pub fino.

Alguns homens usam camisetas justas que mostram seu peito e músculos. Outros usam camisas justas.

Outros ignoram tudo isso e simplesmente vão como bem entenderem.

O importante sobre a imagem machista é que ela transpira masculinidade. Esta imagem é em grande parte constituída pela linguagem corporal. Assim, as roupas ficam em um banco de trás.

O alimento do macho.

O macho gosta de comer com abundância e freqüência. Nada é ruim para ele e ele pode comer o que quiser.

O macho gosta de comida quente e apimentada. A carne é especialmente saborosa.

O macho come copiosamente, pois precisa de muita energia para manter seu corpo muscular.

Quanto mais picante e mais forte o alimento, melhor.

A comida mexicana é ótima. Um homem pode comer legumes se quiser, mas não está mostrando sua masculinidade ali.

É no churrasco, onde o macho mostra que é um verdadeiro macho, comendo o churrasco, as batatas, o criollo, o chouriço, o pudim preto, o rosbife e o que quer que seja que eles coloquem nele.

A comida do macho não é particularmente saudável, muito pelo contrário, mas é a única coisa que realmente o enche.

Aqui eu recomendo ser um pouco menos machista e vegetariano, o que é muito mais saudável.

O macho e o clima.

Um verdadeiro homem machista nunca usa roupas quentes. Ele nunca é frio, nunca em sua vida. O lenço é um artigo de vestuário totalmente proibido. O guarda-chuva é outro acessório que não tem lugar em seu mundo.

Um macho está sempre muito despido, enfrentando o tempo descalço.

O verdadeiro macho usa sempre mangas curtas sob seu casaco no inverno. Este casaco é altamente valorizado porque lhe permite permanecer em mangas curtas, que é o que ele mais gosta. Quanto menos roupa, mais macho ele é.

Um macho nunca espirra. Um macho nunca tosse. Um homem nunca usa um lenço, nem assoa o nariz, isso é para os betas.

Claro que um homem, ele nunca adoece. A gripe de inverno não vai com ele e ele tem um sistema imunológico à prova de bombas.

É uma pena ver estas pobres pessoas embrulhadas em roupas íntimas, camisas, pulôveres, casacos, cachecóis, luvas e às vezes até chapéus para se protegerem do frio. Um macho vai de manga curta com um sobretudo, todo o resto é preguiçoso.

Se chover, você se molha. É proibido carregar um guarda-chuva.

Um macho nunca seca ou treme. Ele não treme, não fica tonto, não se sente doente, não se sente cansado. Um macho é sempre ótimo para caralho. No dia em que ele morre, esse é o dia em que o homem é mau. O resto é ótimo como o caralho.

Alguns machos morrem enquanto ainda estão quentes até poucos minutos antes de morrer.

Um macho é sempre quente. Um banho masculino na Galiza de abril a meados de outubro e em Valência durante todo o ano.

Mas não nos iludamos, um macho, um macho, toma banho o ano inteiro em todos os lugares.

As pessoas andam por aí com lenços e casacos e o macho está na praia no dia 3 de janeiro. E se você perguntar a ele - Como está a água? - Ele responde: "Ótimo".

O macho e o descanso.

Um macho não precisa dormir muito, isso é para os sofás. Seis horas é mais do que suficiente. Muitas vezes 4 horas é suficiente e há momentos em que ele dorme duas ou três horas e nada acontece, ele se recuperará em outro dia dormindo 8 horas.

Um macho vai para a cama tarde e se levanta cedo.

Um macho nunca está cansado e se estiver um pouco cansado, faz uma sesta de quinze minutos e se sente muito melhor.

O homem não gosta de pessoas com sono. É um sintoma de suavidade.

Um macho está sempre em forma, descansado e cheio de energia.

Um homem nunca se machuca e, se o fizer, não se queixa. Um homem raramente é ferido. Um homem raramente está doente.

Um macho não fica muito quente na cama. Um macho não coloca o aquecimento. Um macho não se importa com o ruído e pode dormir com a janela aberta mesmo no inverno. Um macho não é incomodado pela luz. Um homem não é incomodado por nada, porque dorme perfeitamente bem em qualquer lugar, em qualquer cama, ou mesmo no chão, em um colchão.

Um homem nunca adormece vendo televisão no sofá. Também não se embrulha em um cobertor. Tudo isso é fraco.

O macho e as notícias.

Um verdadeiro macho nunca assiste a um programa noticioso porque é uma fonte de desinformação e mentira. É uma perda de tempo que não serve a nada. Em vez disso, ele pode ler seus livros ou ver seus documentários onde aprenderá coisas que lhe interessam. O verdadeiro homem macho procura suas fontes de informação na Internet. Ele desconfia de tudo o que lhe é dito nas notícias e na mídia oficial.

O verdadeiro homem procura a verdade para si mesmo.

O macho e o amor.

Um verdadeiro homem machista não se gaba de suas conquistas ou façanhas. Pelo contrário, ele se mantém em silêncio sobre isso. Ser macho não está relacionado a ser mulherengo. Há homens muito machistas que são formais e fiéis e há outros que são tremendos mulherengos.

O que caracteriza o homem apaixonado é que ele dá segurança e proteção a sua namorada ou esposa. Ele se comporta bem e a trata muito bem. Isso é ser um homem machista apaixonado. Ele também é responsável com seus filhos e se esforça para criar sua família.

Se ele não tem namorada, nem família, nem esposa, nem responsabilidades, então o homem se caracteriza por fazer amor com as meninas e por se divertir muito com ele.

Mesmo que ele não se apaixone, ele proporciona bons momentos e toda garota quer estar com ele.

Um trapaceiro é menos macho, porque um verdadeiro homem macho não tem necessidade de trapacear. Um verdadeiro homem machista ou está em uma relação estável, ou está flertando, nunca as duas coisas.

O coletivo masculino e o coletivo LGTB.

O homem machista respeita e respeita todas as pessoas independentemente de sua orientação sexual e nunca as critica ou discrimina por qualquer razão.

Ser macho não tem nada a ver com ser macho, ou com ser homofóbico. Pelo contrário, um homem machista quer diversidade em termos de orientação sexual. Ele não é machista nem feminista, ele é simplesmente ele.

O macho e o medo.

Pode haver coisas que o assustam muito, mas ele as enfrenta e supera esses medos.

Para subir de avião, para o escuro, para caminhar sozinho à noite na floresta, para ir a áreas perigosas das cidades. Para tudo! O medo existe, mas o verdadeiro macho se caracteriza por superar seus medos.

Além disso, ele procura novos desafios que o assustam mesmo que não haja necessidade disso, a fim de se tornar cada vez mais corajoso.

Recomendo caminhar na floresta à noite sozinho, ou entrar em túneis totalmente escuros e abandonados, ou em casas abandonadas. O que quer que seja que o assuste, faça-o e você superará esse medo.

O macho e a competitividade.

Você nunca verá nenhum homem praticando um esporte de forma preguiçosa, indolente, apática e preguiçosa. Ele nunca está jogando sem competir, apenas se divertindo.

Um macho sempre compete e sempre joga ao máximo. Para vencer e esmagar o adversário. Quem quiser vencê-lo terá que fazer um esforço máximo. Além disso, os homens praticam e praticam o esporte até que se tornem mestres nele e estejam em um nível muito alto. Praticamente inalcançável para aqueles que não são tão agressivos e competitivos.

Se ele alguma vez perder, o que raramente acontece, aquele que o venceu teve que fazer um esforço bestial e venceu pela mais estreita das margens. O macho logo estará pedindo vingança, pois não pode tolerar ser o segundo em nada.

É esta competitividade que o leva ao topo em todas as esferas.

Não posso conceber como pode haver pessoas sem sangue, que passam pela vida em silêncio, sem lutar, sem mostrar ao mundo o poder que têm.

Perfumes.

Acho inconcebível que as pessoas hoje consumam perfumes caros, acreditando que isso as ajudará a seduzir as meninas.

Os comerciais de perfumes estão sempre na TV, especialmente na época do Natal, sempre associados a meninas, homens viriles e sedução.

Tudo isso são falácias.

Além disso, o perfume camufla ou elimina o próprio odor corporal que contém feromônios. Estas são as que atraem quimicamente as meninas. Você não precisa ser muito lavado porque remove estas feromonas. Os perfumes fazem você perder sua atração animal com odores não naturais.

E eles cheiram mal o meio ambiente com produtos químicos tóxicos.

Além disso, os preços me parecem ridículos. Se o que você quer é cheirar bem, em qualquer supermercado por muito pouco dinheiro, há perfumes que cheiram melhor do que a besteira que as pessoas compram. As marcas e os nomes são fraudes.

Um homem é um mau consumidor porque não precisa de nada externo para ser atraente, muito menos de perfume.

Namoradas de amigos.

É desagradável ver como as namoradas de seus amigos desconfiam de você por causa de sua alta masculinidade.

Elas fazem isso porque temem que seus namorados se tornem menos submissos e mais independentes ao se unirem a você, devido à sua influência masculina Alfa sobre eles.

Portanto, eles tentam restringi-los de ir com você. Quando você, o amigo e sua namorada se encontrarem, mais cedo ou mais tarde esta mulher trará à tona a hostilidade que ela carrega contra você. Haverá um confronto com ela por causa de algum ataque imerecido que ela fará contra você. O que mostra como ela é pouco amigável com você e como pouco valoriza você.

Elas o vêem como um perigo para seus namorados, e é por isso que a amaldiçoam.

O alfa deve ser mantido longe dos machos beta, para que eles não se tornem sábios.

Em geral, ser o forte faz de você o alvo de todas as críticas e ataques.

Padel.

E ste é um esporte de egomaníacos e machos alfa com egos imponentes.

Você faz grupos fechados onde você pode vencer seus rivais. Você chega como um novo macho Alfa no galinheiro, virando-o de cabeça para baixo e espancando a todos com espancamentos humilhantes. Então eles ou o aceitam como seu novo macho Alfa, ou o excluem e não querem mais brincar com você.

É também um lugar de compadrio e pajeroísmo, onde você forma cliques baseados na afinidade mental. Dependendo do nível de insensatez que se tenha.

Eles o excluem por espancá-los e por não fazer parte do seu pequeno grupo de imbecis. Você os desagrada tanto que eles inventam todo tipo de desculpas para justificar suas derrotas humilhantes.

Em geral, os betas estão se aglomerando em torno de alguns verdadeiros Alphas. Estes verdadeiros Alphas reconhecerão seu nível. Mas não os betas que são seguidores desses alfas, que eles elogiam e defendem, e que deixarão cair um mito se você for e bater no líder deles.

Os betas às vezes se tornam seus seguidores depois de serem espancados, mas às vezes, em sua maioria, eles o criticam pela humilhação que sofrem. Para transformá-los em seus seguidores, é preciso derrotar o macho Alfa deles.

O maior problema são os betas que têm um ego terrível e muitas vezes são jogadores medíocres. Eles vão com um excelente jogador, e assumem os méritos do alfa, achando que são quase como ele e olhando para os jogadores muito superiores, só porque vão com o alfa.

Estes alfa, se forem inverídicos ou tiverem rachaduras em sua liderança, às vezes têm medo de brincar com você porque sabem que se perderem, podem perder seus seguidores. Portanto, eles evitam o confronto com você até que haja circunstâncias favoráveis em que eles possam vencer.

Os betas, ao invés de reconhecer o alto nível que você tem, o que eles fazem é ignorar suas qualidades e empurrá-lo para o lado porque estão levando enormes surras e seu ego não suporta isso. Eles se refugiam no alfa e se eles jogarem contra você novamente, será com seu líder e você com um não muito bom. Se eles conseguirem vencer este jogo, o beta medíocre olhará para você como sendo muito, muito, muito inferior. Isto é uma infelicidade.

Mas quando se tem o nível que se tem, há ventiladores em todo o lugar. Eles ficam espantados e assustados por você e você cria seu próprio grupo de jogadores onde você é valorizado e respeitado. Mais cedo ou mais tarde você volta à sua posição de liderança que eles odeiam reconhecer.

Sempre que você entra em um jogo contra falsos alfa, eles são impiedosamente derrotados e humilhados, reforçando assim sua liderança entre seus seguidores.

Cada vitória sobre um verdadeiro alfa subtrai seguidores e aumenta seus seguidores.

Digo-lhes, pessoas invejosas e seguidores, é isso que espera os homens alfa em todos os lugares.

Quando o verdadeiro Alfa cai, há um tumulto no mundo do padel. A notícia se espalha muito rapidamente e logo as pessoas que nunca jogaram com você estarão ansiosas para jogar e ser amigas de você. Porque eles o vêem como o novo alfa para se aproximar, para que também eles possam vencer.

Há muito poucos verdadeiros Alphas que são rivais ou parceiros saudáveis e bons.

Nem tudo é ruim, em geral, apesar do que é postado aqui, é excelente e serve para desenvolver suas habilidades Alfa. É uma pena que haja tanta inveja. Mas você vai descobrir que ali e em todos os lugares. Você tem que saber como lidar com isso.

Padel é um simulacro de como é a vida e tudo o que eu disse aqui acontece em todos os lugares. É por isso que serve como um exemplo de como agir na vida.

A estrutura dos grupos de amigos.

A maneira como funciona é a mesma que em padel. Há um ou mais homens Alfa que têm muitos seguidores beta que os animam, os elogiam e os idolatram.

Lembro-me quando eu tinha 26 anos de idade. Eu estava na cidade há dois anos, mas tinha ido com meus amigos da outra cidade onde morava que estavam estudando aqui. Portanto, aqui eu não conhecia quase ninguém da cidade. Quando meus amigos partiram, eu fiquei sem amigos. Depois conheci um grupo de pessoas com as quais nunca me sentia à vontade.

Eram homens liderados por três líderes. Os demais eram homens pobres que eram praticamente fãs desses homems. Alguns com sua auto-estima no fundo do poço. Eles estavam andando com os líderes para ver se conseguiriam uma ligação, ou pelo menos, para atribuir a si mesmos algum do status que pertencia a esses outros.

Dois desses líderes eram muito bonitos, altos, bonitos e fortes, e outro era alto, mas não tão bonitão, não tão bonito e mais idiota.

Destes Alphas havia um homem que era um homem legal, bonito, bonito, simpático e tratado bem as pessoas. Para mim, ele era o verdadeiro líder. Ele era o mais flerteador, o mais versátil. Ele era de um nível muito alto. Ele o tratava muito bem e era simpático porque era um verdadeiro Alfa. O que aconteceu é que ele raramente vinha porque estava sempre indo de mulher para mulher.

Depois havia outro, que também era super-grossudo e bonito, mas muito arrogante, convencido e arrogante. Ele tratava as pessoas com desdém e seria o segundo alfa.

E por último, havia um terceiro alfa que era o menos bonitão, o menos bonito, mas o que acreditava ser o mais e o mais burro. Um verdadeiro imbecil que manteve sua liderança por uma margem estreita sobre os betas.

Os dois últimos excluíram você de suas conversas e de seu rol. Entre os betas, havia bons sedutores, especialmente dois deles que se destacaram. Eles seriam, por assim dizer, os líderes entre os betas, mas subordinados a estes três. Eu era novo e eles não me conheciam, eu estava no grupo dos betas com um mau pressentimento, porque não me sentia nada à vontade. Era tudo o que havia, eu não tinha outras pessoas que conhecia. Eu estava apenas me agarrando. Meu status no grupo seria o sétimo de cerca de quinze.

Eu não fiquei feliz por um tempo, porque não me divertia e me sentia desconfortável. Mas **quando se é um macho alfa, não se pode ser submisso por muito tempo.**

Eu não gostei dos lugares para onde fomos. Gosto de seguir meu próprio caminho e eu estava no comando, e lá fui obrigado a ir com a multidão. Quando eu saía à noite, eu me separava do grupo e pegava garotas em outros pubs. Mas eles não o viram, nem o alfa nem os betas, então meu status não subiu no grupo.

Devo dizer que não se tratava de um grupo qualquer. Acho que era a elite da multidão legal da cidade, formada por barmen de pub e outros homens legais. A maioria deles era muito chique, muito emperrada e de famílias supostamente boas. Eles não se relacionavam com o resto do povo, porque se achavam superiores a todos os outros.

Especialmente os dois primeiros Alphas eram bem-parecidos, mas bem-parecidos, bem-parecidos. Ao ver essas pessoas, adotei uma atitude mais submissa porque também havia bons sedutores e pessoas bastante simpáticas entre os Beta. Não foram todos os homens humildes.

Lembro-me que houve um muito negativo que disse - Somos história - como se a noite não tivesse uma chance para ele. Além disso, ele o colocaria nesta frase derrotista, colocando-o em seu nível. Ele lançava slogans derrotistas que não faziam nada para ajudá-lo a atravessar a noite. Especialmente naqueles ambientes fechados e chiques que eu não gostava de forma alguma.

Foi aí que **meu espírito de competição** e auto-aperfeiçoamento **veio à tona.**

Primeiro enfrentei um dos líderes entre os betas. Um peru que parecia meio idiota e eu não gostava dele. Eles me levaram para um lugar de festa longe da cidade e ele era um chato e eu o avisei. Ele e outros dois deixaram de ir comigo porque eu os confrontei. Primeiras cenas removidas.

Então no grupo dos betas eu estava em uma atitude arrogante, desafiadora, desintegrada e hostil. Para os alfas e para eles também, então os betas me deixaram de lado e eu só mantive alguns amigos.

Havia um outro homem como eu que era um tipo bonito de alfa, que se aproximava com o número dois alfa, o alfa mais arrogante. E apesar de ter perdido a luta, ele mostrou sua virilidade e ganhou muito status. Eu o vejo como o mais parecido comigo naquela época.

Muitos desses betas estavam descontentes com o alfa e com a forma como eram tratados, mas ninguém, exceto este, tinha coragem de enfrentá-los e dizer-lhes a verdade sobre seu comportamento.

O que eu fiz foi muito mais forte.

Uma noite eles tinham organizado uma festa em uma cabana e todos eles foram lá, os alfas e os betas.

O Alfa número um quase nunca veio, e ele também não veio naquele dia. Ele era, por assim dizer, meu protetor e apoiador. Os outros dois alfas, 2 e 3, estavam lá dirigindo o espetáculo. Elas tinham duas garotas que tinham engatado e que impulsionaram seus egos e aplaudiram os idiotas que as seguiram.

Eles chegaram lá quase sem olhar para nós como se fossem deuses, porque trouxeram estas meninas.

No decorrer da festa e já desinibido, eu me diverti em alguns momentos daquele dia. Foi quase pela primeira vez em meses. Seguindo meu fluxo natural, aproximei-me de uma das tias, sem saber quem ela era. Havia as tias alfa e algumas outras. Eu **estava lá me atirando diretamente nela.** A garota me deu um beijo. É necessário dizer que ela era uma garota do lote, jogando para o gorducho e acontece que ela era o flerte do Alpha número dois masculino. O mais macho de todos eles. Os betas viram isso e me empurraram e me tiraram de seus braços porque isso não poderia ser.

Então nada, eles não me deixavam flertar, então eu saí. Foi um soco muito forte em cima da mesa.

Esta acabou como uma noiva e eu acho que casando com o macho Alfa, então ela não deve ter ficado muito feliz com isso.

Alguns dias depois, o alfa nº2 veio pedir explicações em seu tom altivo. Ele nem sequer se dirigiu a mim cara a cara, ficou para trás com os outros e falou comigo de longe para me censurar - O que você fez? - E ele também me disse - Você é um pouco águia-. Eu me virei e dei-lhe um olhar lateral. Defitivamente, com desprezo e repugnância, eu lhe disse: "**As tias são suas?** -

Foi ela quem me beijou. Todos ficaram com estes detalhes. Isto virou os dois Alphas contra mim e o Alfa superior a meu favor.

Este alfa nº2, não sei o que aconteceu com ele, mas ele se inibiu de tudo e a partir de então deixei de me preocupar com aquele homem, porque ele não me incomodava mais, não me incomodava mais, ele foi derrotado com aquela resposta.

Mas Alfa número três, o mais baixo status Alfa, quis vingá-lo quando viu que ele não fez nada.

Então ele descobriu que eu tinha uma menina e disse as seguintes palavras que ainda me lembro por causa de seu desprezo e desdém por mim. Ele disse: "Essa é sua garota? Você não a merece.

Eu levei em conta o que ele disse e não lhe respondi nem lhe disse nada. Porque já era uma guerra total e eu a mantive para lhe devolver com força. A partir daí, mostrei hostilidade total para com este alfa número 3 e minha atitude foi totalmente desafiadora, total insubordinação, para com todos, exceto para com o alfa número 1.

Uma noite, minha garota saiu com seus amigos e eu descobri que este imbecil tinha se atirado a ela só porque ela era minha garota, para me foder e me humilhar. Mas que ele falhou terrivelmente apesar de sua enorme insistência em tentar.

O simples fato de eu ter anunciado que iria criar a menina e não ter conseguido fazê-lo perder seguidores que me viam como o novo alfa porque eu estava desafiando-os nos dias 2 e 3.

O momento da derrubada do alfa número 3 foi uma noite quando o alfa número 1 apareceu e havia 1, 3 e eu mesmo. Acho que o segundo não suportou a humilhação e partiu.

Alpha No.1 me perguntou: "Como você está indo no grupo, você está bem? - Ele também disse: "Você está saindo com seu amigo? -disse ele, referindo-se ao alfa nº 3. E lá na frente de seu rosto eu lhe respondi: **"Este não é meu amigo". Assim** que os betas souberam deste confronto, todos viraram automaticamente as costas para ele por ter tentado pegar minha garota. Por falhar, e porque o confrontei com duas bolas e lhe disse que ele não é meu amigo na frente do chefe de todos eles. Ele perdeu seu status de número 3 alfa.

Todos os betas vieram me aplaudir e me disseram para chamá-los. Estavam todos o irritando. Disseram que eu era um idiota, que eu o coloquei em seu lugar. Eles me saudaram como seu novo líder. Eles queriam que eu fosse com eles e estavam todos me sugando.

Como eles me deixaram de lado quando fui vencido e não me apoiaram, exceto quando me viram como o vencedor. Eu disse a eles que também não iria com eles. Mesmo tendo me dado todo o poder para decidir tudo. O que deveria ser feito? E todos eles se tornaram super agradáveis, super amigáveis e super bem.

Eu peguei e deixei o grupo, e o grupo se separou. A coisa toda foi para o inferno, eles estavam sem cabeça e sem líderes.

Então, foi só isso, eu tirei o grupo todo. O Alfa número um continuava andando com suas meninas, ele podia liderar, mas nunca estava presente. O número 2 casou com o que eu beijei e o número 3 casou com um também, em menos de um ano. Todos eles desapareceram, beta e alfa. Que se lixe tudo.

Anos mais tarde, conheci um que tinha estado com a Alfa número três. Eu havia tentado fazer com que ela fosse sua namorada e falhei. Ela era minha namorada. Mas ninguém nunca soube disso.

De qualquer forma, que abalo!

Em pouco tempo eu tive novos amigos, muito mais divertidos e muito melhores e tive um tempo infinitamente melhor.

A lição de tudo isso é que eu libertei esses pobres betas da opressão do Alfa.

Como aconteceu aqui, também está acontecendo atualmente em seu grupo de amigos e em sua vida. Identificar esses padrões e aplicar os comportamentos bem sucedidos.

A obra.

O nde quer que eu tenha ido, e tenha ido a várias empresas para trabalhar, sempre encontrei a mesma coisa.

Homens Beta.

Alpha Males.

Normalmente os homens beta estão em posições subordinadas, mas às vezes acontece que eles estão em posições gerenciais.

Os Alfa estão geralmente em posições gerenciais, mas às vezes também aparecem em posições subordinadas.

Vou explicar as combinações e o que aconteceria em cada uma delas.

Calma Alfa masculino dirigindo os trabalhadores beta.

Esta é a situação normal e, neste caso, há estabilidade na empresa, pois ninguém questiona as decisões do alfa. O alfa é elogiado por todos os outros e tratado com um status muito mais elevado. Eles o idealizam.

Em um caso, o chefe da empresa estava mesmo em uma posição fisicamente superior aos funcionários. Eles estavam de costas para ele, para que ele pudesse controlá-los todos de cima sem que ninguém o controlasse. Um domínio insultuoso e nojento.

Normalmente, estes líderes alfa não querem outros alfas em sua caneta e evitarão contratar qualquer um que possa desafiar sua supremacia.

Assim, você verá trabalhadores bastante feios ou medianos, tímidos e conformista. As meninas também têm um perfil baixo. Mas de repente um deles se destaca dos demais, e é a amante do chefe, sem dúvida.

Homem alfa com pretensões sedutoras conduzindo trabalhadores beta.

Este caso é extremamente raro porque o macho alfa não tem pretensões de sedução sobre suas trabalhadoras, mas são as próprias trabalhadoras que vêm até ele.

HOMEM BETA CALMO QUE dirige os trabalhadores beta.

Este caso também é bastante raro, pois um beta, uma vez em posição de poder, usará esta posição para abusar dela e tentar seduzir suas trabalhadoras. Portanto, o fato de ele ser calado é bastante raro.

Homem Beta com pretensões sedutoras, liderando trabalhadores beta.

Este é um caso bastante comum em que o chefe é uma pessoa sem liderança e atratividade suficientes e quer abusar de sua posição de poder para seduzir as trabalhadoras.

Para isso, ele sempre contratará meninas jovens e bonitas, mesmo que sua formação não seja apropriada, e tentará por todos os meios dormir com elas, com dicas sobre promoções ou melhores empregos.

Este é o caso mais comum. Estes betas nunca irão tolerar a contratação de um Alfa na empresa, pois isso irá desestabilizar toda a estrutura e tirar as meninas.

Beta, homem que administra os trabalhadores Alfa.

Esta empresa não é sustentável e logo será derrubada, pois a consideram despreparada. Se eles não o removerem, os trabalhadores farão o que quiserem. São eles que estão realmente no comando.

Trabalhadores Alfa Masculino que lideram a Alpha.

Esta empresa será uma acumulação constante de conflitos e confrontos, haverá lutas de poder, e eles estarão um na garganta do outro.

Alphas não cooperará e geralmente seguirá seu próprio caminho.

Se todos eles forem altamente motivados e coordenados, seria um empreendimento fantástico com resultados excepcionais.

Entrada de um alfa em qualquer organização.

Quando isto acontece, há um choque. Se este Alfa não for protegido por outro alfa a seu favor que dirige a empresa, isto acontecerá.

As mulheres serão atraídas por este novo alfa. Os outros alfas, se houver, virar-se-ão contra ele, e os líderes, tanto alfas como não alfas, também se virarão contra ele porque ele lhes rouba as luzes da ribalta e a liderança.

Nos casos mais extremos, por exemplo, quando um novo alfa aparece e pega uma garota na empresa, ele será tirado do caminho. Ele ou ela será enviado para outro lugar, ou transferido para outro departamento, para não ter que suportar tal humilhação. Se ele puder ser demitido, tanto melhor.

Se ele pega aquele que o chefe queria pegar, que normalmente é um beta. Então, eles tentarão de tudo para tirar os dois do caminho. Seja expulsando-os da empresa ou promovendo-os em outro lugar, o que também pode acontecer.

Histórias pessoais.

Uma vez cheguei a uma empresa e assim que cheguei, vi que todos eles eram machos beta administrados por outros betas. Identifiquei imediatamente o macho Alfa ali que era um trabalhador normal. Havia apenas um e ele se voltou contra mim. As outras eram muito discretas, todas as trabalhadoras eram bonitas e jovens e assim que entrei, houve uma revolução em toda a empresa.

Logo notei que várias funcionárias gostavam de mim e que havia até competição para estar perto de mim ou para conversar comigo. Procurei o mais bonito de toda a empresa, que por acaso era meu chefe. Então eu fui falar com ela.

Ela estava totalmente receptiva a mim. Naquele mesmo momento ela me ofereceu seu número de telefone para que eu pudesse ligar para ela, para sair para tomar uma bebida. Ela tinha 31 anos de idade, seis anos mais jovem do que eu. Bonito, com um grande corpo, muito carisma e muito interessante, um dos melhores do meu currículo.

Assim o fiz e uma quinta-feira a chamei e a conheci depois do trabalho. Deve ter sido por volta das dez horas da noite. Eu saí com ela e fiquei a noite toda em festa. Eu fiquei com a patroa e dormi com ela naquela noite. Na manhã seguinte, fiquei em sua casa e ela foi trabalhar na empresa.

Eu era um trabalhador ocasional que dava cursos quando eles eram necessários, então eu normalmente não tinha que ir.

Assim que o chefe beta desta empresa descobriu que eu estava envolvido com ela, ele me chamou. Ele me ofereceu uma enorme promoção como chefe da empresa em outra comunidade. A partir daí, fui mantido lá trabalhando para esse fim.

Com isso o chefe conseguiu me tirar do caminho porque eu era a garota de quem ele gostava.

Após esta futura nomeação, continuei a exercer um enorme poder, que aumentou ainda mais. As meninas me tocavam, sorriam para mim, acariciavam meu braço. Eles vinham todos vestidos para me ver, ficavam nervosos, me sugavam, era impressionante. Eu nunca precisei de lugares de poder para paquerar. Mas com o Alfa no lugar do poder, o poder aumenta ainda mais. Eles me deram um novo patrão para me livrar daquele que eu peguei.

Esta também ficou fascinada por mim e eu pude pegá-la, mas ela não atendeu aos requisitos de qualidade necessários. Eu gostava da outra e estava com ela.

Quando minha garota descobriu que eu estava sendo enviado para a quinta buceta, ela pediu ao chefe uma transferência para vir comigo e ele não a concedeu. Ela lhe disse diretamente que gostava de mim.

Depois, quando viu que não foi transferida comigo, em vez de me deixar, disse-me que viria me ver seis vezes por ano. Muito boa garota!

Perdi uma boa oportunidade de formalizar com esta que também me pediu para fazer dela um filho. Mas o que está feito está feito, e graças a não ter me formalizado com este, consegui alcançar níveis muito altos de sedução mais tarde. Durou apenas um mês, mas foi intenso, muito intenso.

No final, eles não fizeram merda alguma, porque conseguiram tudo terrivelmente. Depois de não ter aberto um escritório na outra comunidade, não tinha lugar lá. Ela foi demitida da empresa após alguns meses com desculpas. A verdadeira causa foi a frustração do chefe com ela. Eles estavam contando comigo, mas eu fiquei convencido e lhes disse que eu queria ser pago três vezes mais do que eu e que eles não poderiam contar comigo se esse não fosse o caso.

Ela e eu acabamos nos deixando um ao outro e eu nem mesmo fui como líder lá, nem nada, tudo foi para o inferno. Mas eu estava muito perto de conseguir um bom trabalho no caminho rápido, simplesmente chegando à empresa e fodendo a garota mais gostosa. Para que conste, eu não tinha pretensões de promoção nem nada, eu só gostava daquela garota. Foi assim que aprendi como as coisas funcionam nas empresas.

Dá-me um pouco de riso que as pessoas estavam lá trabalhando por merda de pagamento. Nenhuma promoção, explorada. E eu cheguei, eu era um homem no fundo da escada nesta empresa e virei-a de cabeça para baixo. É por isso que nunca se deve subestimar um Alfa, mesmo que ele tenha uma posição muito baixa na empresa. Porque ele tende a se levantar por causa dos contatos que faz, ou das meninas que seduz, ou de seu carisma. Eles ainda se lembram de mim.

O lado positivo desta experiência é que descobri uma maneira de crescer rapidamente em uma organização.

Em outro local **eu também confrontei o chefe do grupo de empresas**. Porque havia várias empresas chefiadas por um só homem. Ele tinha me dado um trabalho muito simples e não exigia muito de mim, e de repente ele mudou as exigências sobre o que eu tinha que fazer.

Ele havia dito que era um relatório de três ou quatro páginas e de repente exigiu que fossem cinqüenta ou até cem páginas. Isso foi dois dias antes do prazo.

Eu lhe disse que ele não podia fazer isso, que deveria dizer isso antes, que ele havia administrado mal. Então ele colocou a empresa inteira para trabalhar nisso e me tirou do caminho. Quando chegou a hora de pagar, o empregador não quis me pagar e não pagou. Por isso o denunciei a um centro de arbitragem para obter justiça e ser pago. O bastardo apareceu lá e me ofereceu um embaraço de dinheiro pelo que eu tinha feito, cerca de dez vezes menos do que o que deveria ser.

Eu disse a ele: "Você vai pagar pelo que eu fiz", e então ele ficou todo vermelho. Fiquei tão satisfeito ao vê-lo humilhado pagando por aquela vergonha, um milionário fazendo uma coisa tão baixa, o que também foi culpa dele, que aceitei. Minha vitória não consistiu em dinheiro, mas em vê-lo humilhado.

Em princípio, eu gostava muito deste homem, mas não tolero que as falhas de gerenciamento de outros sejam colocadas a meus pés. Com isso, a empresa foi fechada para mim de vez. Talvez eu tenha sido o único em toda a empresa que lhe disse a verdade e o enfrentou. É melhor perder um emprego do que perder a face.

Para prosperar em um lugar você tem que abaixar a cabeça e engolir merda.

Se você pode fazer isso, então faça-o, eu não posso.

Se você seguir este meu caminho, certamente será expulso. Tenho resistido a todos os abusos.

Olhando para trás, apesar de ter perdido o emprego, acho que fiz a coisa certa. Eu não poderia em boa consciência dizer a este homem que tudo está bem e que a culpa é minha, quando não está.

Um Alfa cria seu próprio caminho. Sua própria empresa.

Em sua empresa, a mesma coisa provavelmente está acontecendo e você provavelmente identificou algumas dessas situações. Espero que isto o ajude a saber o que fazer.

Se você fizer uma atuação Alfa, mas não tão radical como a minha, você será capaz de ter sucesso e alcançar o topo da empresa.

Quando e onde derrubar
um alfa.

No filme Gangsters of New York, DiCaprio deixa isso claro. "Se você quer derrubar um rei, você tem que fazer isso na frente de todos. É por isso que ele tenta matar o açougueiro na festa do açougueiro.

Para que sua promoção seja rápida, ela deve ser feita na presença do beta, mas deve ser uma presença maciça e você deve ser visto por todos!

A outra possibilidade é fazer isso na presença de um Alfa de nível superior. Desta forma, este alfa superior percebe que você é mais válido do que aquele que acabou de derrubar e o promoverá.

Quando derrubá-lo? Quando sua guarda está em baixo e ele não está esperando isso. É preciso ganhar a confiança dele primeiro e garantir que ele não saiba que você é seu inimigo.

Assim que virem que você confrontou o líder, os descontentamentos e inimigos do líder aparecerão e tomarão seu partido. Você será exaltado para tornar-se a alternativa ao alfa reinante ou diretamente ao alfa reinante.

Um dia foi a reunião de bairro da comunidade.

A presidente estava contando sua história e eu a escutei. Ela estava terminando seu mandato e em vez de sair e propor um novo candidato, ela disse que queria continuar porque estava muito comprometida com o assunto e assim por diante e assim por diante. Ela pediu que fosse realizada uma votação.

As pessoas Beta tendem a dar sua opinião com insegurança porque não são conflituosas. Por esta mesma razão, nesta votação ele conseguiu apenas um ou dois apoiadores e os demais, que eram cerca de quinze, abstiveram-se. Eu fui o único que disse - **eu sou contra!** Esta é uma carga que tem que ser mais incômoda, porque geralmente não é agradável. É bom que seja diversificado. Além disso, **não gosto de pessoas que querem continuar a ocupar este cargo** quando não precisam, **porque gostam de estar lá dirigindo outros** quando isso não importa.

O presidente disse que ela estava me mostrando seu CV e eu pensei, que tipo de besteira é essa? Ninguém tinha coragem de enfrentá-la, nem de dizer a verdade como eu disse. No final ela não se manifestou sobre o ataque e o assunto foi deixado para uma reunião de novos residentes onde o presidente seria eleito.

A caminho de casa no elevador, vários vizinhos me disseram: "Ole tus cojones! - E eles me deram muitos aplausos pelo meu desempenho.

Eu não fui à nova reunião e, sem ter ido, **fui nomeado presidente**. Tenho certeza de que meu desempenho teve muito a ver com isso.

Um desempenho memorável.

Grau de atratividade de um Alfa.

O grau de atratividade de um Alfa é medido por duas variáveis que, juntas, dão a atratividade total. Imagem atrativa e personalidade atraente.

Imagem atrativa. Isto é 35% da atratividade total.

Aqui incluímos não apenas a aparência física. O grau de magreza, altura, beleza, proporções. Mas também as roupas e acessórios que o vestem e lhe dão um toque pessoal.

É verdade que um Alfa não precisa de nada para ser atraente. Mas também é verdade que os acessórios fazem parte da imagem que este Alfa transmite e que o caracterizam e o diferenciam. Se você tiver uma mensagem clara a transmitir, use acessórios. Pingentes, anéis, pulseiras, brincos, piercings, tatuagens, o que você quiser. Também roupas que transmitem a imagem que você quer dar. Temos que ser muito claros sobre o que é nossa imagem e nos aproximar o mais possível dessa imagem ideal de nós mesmos. Isto também é conseguido com disciplina e imaginação.

Qualquer tipo de roupa cabe aqui, desde que você se sinta confortável e reflita quem você é.

Fisique mais roupas e acessórios compõem sua imagem atraente.

Personalidade atrativa. Isto é 65% da atratividade total.

Aqui incluímos:

Linguagem corporal.

Todos os gestos, maneirismos, atitudes, a maneira de andar, a maneira de cumprimentar, a maneira de olhar.

O que eles dizem.

Elas devem ser palavras atraentes, interessantes, motivadoras e emotivas. Eles devem transmitir proximidade, carinho e atenção.

Como eles dizem.

Tom, volume, ênfase, timbre. Uma voz profunda e profunda é muito atraente. Tente falar devagar e devagar, olhando nos olhos da pessoa com quem você está falando.

A personalidade atrativa é seu corpo e sua linguagem verbal.

O que está em sua mente é o que você vai transmitir através de seu corpo e de sua linguagem verbal. Portanto, para ser uma pessoa atraente é preciso primeiro ter uma mente atraente e pensar de uma maneira interessante. Por assim dizer, tenha o software atraente em sua cabeça. Ser engraçado, alegre, amigável, agradável, um líder, carismático, ter habilidade com as pessoas, empatia. Entenda os outros, escute os outros atentamente. Tudo isso lhe dará uma atração muito maior do que a física e finalmente definitiva.

Uma personalidade atraente é feita ao tratar os outros como você gostaria de ser tratado. Ajudá-los, escutá-los, compreendê-los. Por ser uma pessoa confiável e generosa.

Tipos de interações
pessoais.

Há três tipos de interações pessoais.

Amizade.

Falando de temas casuais, política, clima, eventos em geral. Em outras palavras, tópicos que não têm um conteúdo amoroso ou comercial. A afinidade com uma pessoa se aprofunda cada vez mais.

Para acertar os tópicos, é preciso avaliar bem quais idéias políticas, religiosas e sociais a pessoa tem. Se você quiser ser amigo deles, você terá que pensar o máximo possível como eles.

Quando duas pessoas se reúnem, discutem estas questões e há uma relação entre elas. Cada vez que eles interagem, o grau de afinidade entre eles aumenta, por assim dizer. Isto eventualmente leva a uma amizade.

Se você quiser se sintonizar rapidamente com alguém, imite seus gestos e sua postura corporal. Isto se chama rapport e consiste em fazer uma postura corporal que espelha a postura corporal de seu interlocutor. Como se você fosse um espelho.

Isto não significa que temos que ser falsos e modificar nossos pensamentos para conquistar amigos. Ou, pelo menos, que esta deveria ser a norma.

Mas se quisermos ser apreciados rapidamente, finja e engane. Esta é a coisa certa a fazer. Com estas técnicas, podemos ganhar a confiança de quase qualquer um. Tudo o que você tem que fazer é mover-se da mesma maneira, falar da mesma maneira, ter a mesma postura corporal e ter a mesma opinião sobre as questões.

Isto não é bom nem ruim. É simplesmente uma arma que você pode usar para fazer com que as pessoas gostem de você, mesmo que de forma falsa.

Um verdadeiro macho Alfa nunca faz isso, porque ele tem sua própria opinião, seu próprio estilo e sua própria maneira de ver as coisas. Ele nunca procura manipular os outros para pensar que ele é como eles. Eu coloco isto para que você conheça um sistema rápido para fazer amizade com uma pessoa, que você esteja interessado em fazer amizade, por qualquer razão.

Amor

Ao falar temas apimentados, insinuando, elogiando, geralmente brincando e sendo maldosos, estamos trazendo a interação entre duas pessoas para o reino do amor.

Para fazer isto perfeitamente, temos que construir uma personalidade atraente com ênfase especial na sedução.

Fazendo olhares intensos, sorrisos maliciosos, e mostrando autoconfiança acima de tudo. Gerar conforto com a outra pessoa, prestando atenção a ela e realizando a interação de forma atrativa. Em resumo, é difícil de transmitir, e para isso existe o livro Sedução 5.0 que eu recomendo. Mas para resumir em uma palavra, namoriscar. O que você vai obter é que a interação termina em uma relação amorosa de qualquer tipo.

Negócios.

Quando nossa conversa é sobre temas relacionados ao trabalho. E temos algo a oferecer a essa pessoa que possa ser do seu interesse. Esta interação se torna cada vez mais enredada nestes assuntos comerciais e relacionados ao trabalho. Ela pode concluir com um contrato ou com uma parceria como parceiros comerciais.

Se quisermos fazer negócios com alguém, temos que ter certeza de que o que temos a oferecer é positivo para essa pessoa. De tal forma que eles querem aprofundar o relacionamento e ter você ao seu lado nos negócios. Eles devem pensar que nós vamos lhes proporcionar benefícios econômicos. Você tem que saber como se vender. Você tem que dar a imagem de uma pessoa profissional, séria, trabalhadora, corajosa, determinada. Não desista diante da adversidade. Seja uma pessoa que gosta de atingir objetivos difíceis. Temos que transmitir que somos uma ótima combinação para qualquer empresa ou organização. Se fizermos isso bem, eles nos contratarão.

É necessário um tipo de visual mais profissional. Um olhar que vai para a área entre os olhos e o meio da testa. Nunca olhe mais para baixo porque esse é um tipo de visual amigável. Isso nos dá um olhar mais sério.

Temos que ter plena confiança em nossas habilidades e transmitir entusiasmo à outra pessoa. Temos que ter uma enorme confiança em nós mesmos e em nossas atitudes. Temos que pensar em nós mesmos como uma grande partida, uma pessoa válida e eficaz, que faz progresso e dinheiro para toda a organização.

Conclusão.

Estas são as três interações que você pode ter com uma pessoa:

- Amizade.
- O amor.
- Negócios.

Quando você inicia uma conversa, olhe cuidadosamente o que você está interessado em alcançar. Há apenas três possibilidades:

Faça um amigo, seduza essa pessoa, faça negócios com essa pessoa.

Atitude Alfa

O macho Alfa é caracterizado por uma atitude resoluta na vida. Ele é uma pessoa confiante, que enfrenta dificuldades e não se deixa vencer pelo medo ou pela adversidade. O macho Alfa tem uma atitude Alfa.

Qualidades importantes na atitude Alfa.

Segurança.

Você tem que ter muita autoconfiança.

Decisão.

Enfrentar desafios sem medo ou hesitação.

Coragem.

Para fazer coisas arriscadas e difíceis.

Um gosto pelo risco.

Demonstramos este gosto investindo tempo, dinheiro e recursos para adquirir aquelas coisas materiais ou imateriais que nos ajudam a melhorar a nós mesmos. Ao tomar ações difíceis que podem nos custar uma perda significativa.

O gosto pelos desafios.

Atingir desafios difíceis, motivadores e desafiadores que nos fazem melhorar.

Ajuda.

Ajudar os outros a dar o melhor de si e dar o melhor de si em qualquer esforço.

Proteger.

Proteger os fracos e ajudá-los a alcançar o nível dos outros, a salvo dos ataques dos outros.

Defensor.

Sempre defenda os inocentes, os fracos, os indefesos como Mikel Knight. Um macho Alfa sempre protege e defende o seu próprio.

Motivar.

Motive todas as pessoas de seu grupo a trabalhar arduamente para atingir os objetivos, pois será muito gratificante mais tarde.

Liderança.

Liderar grupos, sendo uma referência e um exemplo de trabalho duro, determinação, coragem e bom desempenho.

Participar.

Atender aos problemas das pessoas escutando-as e interessando-se sinceramente por eles.

Empatizar.

Ouça os problemas que eles podem ter e tente colocar-se no lugar deles. Ao colocar-se no lugar deles, você será capaz de compreendê-los melhor e chegar a uma solução o mais rápida e eficaz possível.

Comunique-se.

Comunique os planos a todos aqueles em seu grupo, para que eles saibam qual é seu papel e o quanto são importantes para alcançar o objetivo final.

Verificar.

Verifique se tudo está funcionando de acordo com o planejado. Você vai medir isto através de índices que nos ajudam a entender como as coisas estão indo.

Decidir.

Lidar com eventos imprevistos e contratempos. Ser uma pessoa que decide rápida e efetivamente modificar o que é necessário para alcançar o objetivo final.

Inovar.

Buscar maneiras novas, mais simples, mais baratas ou mais rápidas que nos dêem uma vantagem competitiva sobre outras empresas ou outras pessoas.

Aprendizagem.

Estar sempre aprendendo novas técnicas e conceitos que nos ajudam a melhorar a nós mesmos e a nosso grupo.

Disseminar.

Difundir o conhecimento a todos os membros de nosso grupo. Se não tivermos um grupo, se houver pessoas interessadas nestes conceitos, difundiremos o conhecimento e faremos o bem, ajudando as pessoas.

Convincente.

Ter boa capacidade de comunicação para convencer as pessoas. Motivar-se para alcançar os objetivos.

Vencedor.

Para atingir o objetivo final que nos propusemos em qualquer uma das áreas: trabalho, amor, amizade. Objetivos pessoais e objetivos de grupo O objetivo final é sempre o sucesso.

É difícil para um macho Alfa estar sozinho, porque os seguidores aparecem rapidamente. Por todas estas razões, estas qualidades têm sido bastante direcionadas para a abordagem de grupo.

Se quisermos aplicá-las a nós mesmos, elas também são válidas. Mas me parece mais alfa e mais importante para o mundo, ser um líder. Não apenas alcançar os objetivos você mesmo, mas ajudar os outros a alcançá-los também. Isto é alfa, para liderar.

Colocando a
masculinidade em valor.

É muito importante que você se valorize e que tenha orgulho de ser o que você é, um homem.

Ser um homem implica uma responsabilidade. Você tem que estar à altura. Você tem que preencher uma série de requisitos para ser um homem de verdade.

Você tem que estar especialmente orgulhoso disso e ter sempre em mente que **você é o melhor**. Você deve ser capaz de lidar com qualquer situação, porque você é um homem e os homens não recuam.

Evite atitudes beta, tais como:

- Reclamação. Isso não resolve nada, torna as coisas ainda piores.
- Ser pessimista.
- Baixa energia.
- Procrastinação.

Pelo contrário, é preciso ser sempre otimista e adaptar-se às circunstâncias para que as coisas sejam feitas.

Um macho alfa se compromete a dar o melhor de si mesmo e o que quer que empreenda, ele o fará com entusiasmo, firmeza e perseverança.

Um macho alfa respeita as pessoas e as ajuda a dar o melhor de si. Ele os faz sentir-se importantes.

Um macho alfa constrói sua própria imagem pessoal. Atraente para si mesmo e para os outros. Especialmente para si mesmo.

Não há nada melhor na vida do que ser um homem forte, confiante e protetor.

As garotas gostam dessas qualidades e são atraídas por elas.

Um macho alfa nunca perde a calma. Ele mantém sua compostura em qualquer situação.

Exemplos de alfas.

O exemplo mais claro é sem dúvida o próprio James Bond. Ele é um homem que, além de ter uma excelente imagem pessoal e um físico muito bom, sabe como tratar as pessoas educadamente. Ele é bom, educado, cortês.

Mais importante ainda, ele sabe muitas coisas e enfrenta a situação desfavorável com enorme habilidade e determinação. Por mais difícil que seja, ele a supera.

Leônidas. Este é um exemplo tremendo. Ele é destemido, aceita qualquer desafio e se faz respeitar de forma brutal. Ele preferiria morrer a desistir. Sua autoconfiança é imensa. **Está no nível mais alto.**

Qualquer alfa gosta de um desafio. E ele está sempre assumindo novos.

Na vida real e nos tempos atuais, um homem Alfa pode ser um bombeiro, ou um policial executando uma ação perigosa.

Ou qualquer pessoa que ajude outras pessoas em risco de vida.

Aquele que levanta sua voz contra a injustiça. Aquele que luta pelos direitos das pessoas. Aquele que ajuda os desfavorecidos. É por isso que qualquer pessoa, homem ou mulher, pode ser um Alfa, é uma questão de atitude.

Ser um alfa não está sendo difícil, embora haja momentos em que é preciso ser. Não se trata de Clint Eastwood na sala de estar. É DiCaprio, no Lobo de Wall Street. Que apesar dos imensos excessos que ele fez, ele fez uma coisa muito alfa. Ele liderou. Ele liderou e motivou uma equipe de pessoas de uma maneira peculiar e única para dar o melhor de si.

Ele enfrentou o perigo, aceitou desafios, inovou. Ele exigia respeito. Do início ao fim, ele foi um Alfa.

Um Alfa não subestima os perigos. Ela compreende bem a situação e se adapta para superar a difícil situação.

Embora este exemplo não seja muito nerd, eu o comento porque ele me impressionou. No youtube, há um vídeo de lutas de super-heróis. Há uma luta entre Darth Vader e Batman. Darth Vader diz -Você subestima o poder do lado negro-. Ao que o Batman responde de forma alfa - **não subestimo nada - e tira um sabre de luz**. Quem esperaria isso? Ótimo. Com duas bolas! Como é isso para o Batman.

Isso é Alfa. Antecipe a dificuldade que você enfrenta e surpreenda com uma ação brilhante. Mesmo que você seja inferior em recursos, vença com astúcia e inteligência.

Outro tremendo exemplo é Magalhães. Ele era um marinheiro português que trabalhava para os reis da Espanha. As pessoas desconfiavam dele porque ele não era espanhol e tinha que ganhar o respeito e a aprovação de todos por suas ações leais à coroa de Castela. Seu objetivo era alcançar as ilhas das especiarias do outro lado do mundo, perto das Filipinas. Em vez de tomar a rota normal ao redor da África e Ásia, ele queria encontrar uma passagem pela América do Sul.

Ele passou por imensas vicissitudes e quando estava tentando encontrar passagem há vários meses, parte da tripulação se revelou a ele. O normal teria sido ceder aos amotinados e retornar à Espanha como eles queriam. Mas ele ordenou que o líder viesse a bordo de seu navio para supostamente negociar.

Assim que ele chegou, fizeram-no prisioneiro e tiveram sua cabeça cortada no local. Todos os outros amotinados ficaram aterrorizados e esta selvageria pôs um fim à rebelião.

E embora isto possa parecer bárbaro, conseguiu muito.

Ele parou a rebelião e restabeleceu o controle.

Ele conseguiu encontrar o estreito e atravessou a América para o sul. Desde então, tem sido chamado o Estreito de Magalhães em sua homenagem.

Ele chegou ao Oceano Pacífico ainda não descoberto. E lá, sem saber quão grande era, ou como era, ele iniciou a tarefa de cruzá-la pela primeira vez na história. Sublinho que ele não sabia quão grande era este oceano, nem quanto tempo levaria, nem nada. Ele viu e disse: "Vou cruzá-la! Ele poderia ter ficado satisfeito em apenas encontrar a passagem, mas não, ele continuou! E ele a atravessou e chegou às Filipinas.

Lá ele se chocou com um chefe local e morreu em uma batalha inoportuna. Sebastian Elcano assumiu o comando e fez outra grande ação. Em vez de voltar pelo caminho que haviam percorrido, ele quis voltar à Espanha indo para a frente. Navegando pela Ásia e África.

Ele avançou, uma ação muito alfa e deu a volta ao mundo pela primeira vez.

Portanto, Magalhães também entra na lista de exemplos Alfa. Graças a este homem e à ação de cortar a cabeça daquele amotinado, a Espanha encontrou passagem, a Espanha navegou no Oceano Pacífico, a Espanha navegou pelo mundo e a Espanha conseguiu abrir uma nova rota para as especiarias. Graças a ele, ela ganhou imensa riqueza e grandeza.

Em resumo, há tantos exemplos que eu acho que não posso dar mais do que uma parte muito pequena deles. Aqueles que eu conheço.

Outro exemplo é o Cid. Um homem que tinha seu próprio exército. Um exército tão poderoso quanto o exército de reis e ele dispensou sua justiça aqui e ali como ele pensava que estava certo.

Ele lutou contra os mouros e isso não é conhecido, ele também lutou do lado dos mouros contra os cristãos. Ele tinha um inimigo dentro dos cristãos que sempre teve inveja dele. El Cid fez campanha e atacou as terras deste personagem com sangue e fogo.

Ele conquistou Valência aos mouros cem e alguns anos antes do sucesso dos reis cristãos. Ele estabeleceu ali seu reinado, que durou apenas alguns anos. Após sua morte, os mouros reconquistaram Valência e nenhum rei cristão foi capaz de levá-la. Não até um século e um pouco mais tarde, como eu disse antes. Um precursor. El Cid era um homem livre que fazia justiça onde quer que fosse necessário. Mais poderoso em batalha do que os reis ou os sultões. Com seu exército de homens leais unidos por seu carisma e bravura na batalha, ele derrotou um e todos. Os homens o seguiam para onde quer que ele fosse. Há algo mais Alfa do que isso?

Portanto, minha classificação seria a seguinte.

1 Leônidas.

2 El Cid.

3 Magalhães.

Outros cargos notáveis que não comentarei para não entrar em muitos detalhes seriam: Shakelton, Alexandre o Grande, Júlio César, Napoleão.

Alguns têm feito barbaridades e coisas terríveis e não são exemplos de vida. Mas eu estou olhando para a atitude e liderança Alfa.

Eles não precisam ser grandes heróis da antiguidade. Qualquer um que ajude outros em risco de vida é um herói nesta lista.

O macho de dorso prateado.

Na natureza, os gorilas são organizados por um sistema social muito interessante.

Os machos dominam e, dependendo da força e do poder que cada macho tem, ele sobe a escada de força.

Então temos os machos adolescentes, depois os machos adultos, depois os desafiadores, e finalmente há o macho alfa, que também é conhecido como o macho de dorso prateado.

Este grande macaco tem uma força enorme (cerca de 20 homens) e derrota todos os seus oponentes até que outro macho de pleno direito apareça e o derrote. O macho prateado recebe todas as fêmeas, e nenhum outro macho pode estar com qualquer fêmea a menos que ele o vença primeiro. São 200 quilos de besta muscular pura.

Se nos queixamos de que nós, homens, temos uma vida difícil, os gorilas têm uma vida muito pior. Uma vez derrotado, o macho prateado deixa o grupo para finalmente morrer por conta própria.

O dorso prateado é assim chamado porque suas costas estão cobertas de cabelos grisalhos. Eles simbolizam a força. É quando o cabelo grisalho aparece na parte de trás que o macho está em plena força.

Nós, como espécie de símio, agimos de forma semelhante. Assim, as fêmeas serão atraídas por um macho com cabelos grisalhos. Assim como o gorila é atraído pelo macho de dorso prateado.

O cabelo grisalho é um sinal de status, força e poder e isto também está no subconsciente de nossas meninas. Nos tempos pré-históricos a mesma coisa aconteceu e certamente o líder da tribo, o macho alfa, era um macho cujos primeiros pêlos cinzentos já estavam começando a aparecer.

Portanto, se você já passou dos 40 ou até 50 anos, em vez de tingir seus cabelos grisalhos, use-o com orgulho - é um sinal de status.

Ser um homem de cabelo prateado.

A violência alfa em um confronto.

Eu disse que um alfa nunca evita o confronto, mas eu quero qualificar este ponto.

Um alfa, quando o confronto começa, é sempre educado e agradável e evita por todos os meios, através do diálogo, que o confronto se intensifique em violência.

Isto não é feito por medo do adversário, mas por medo de ferir a pessoa. Uma pessoa que está sendo desagradável no momento, mas que na realidade deve ser uma boa pessoa. Ele está apenas passando por um mau momento. Mas, acima de tudo, o alfa se retrai porque pode ser muito prejudicial para este homem se ele entrar em uma briga de peixe.

O alfa se engajará então no diálogo educado e tentará evitar a violência, com um sorriso no rosto, dando mais do que a outra parte.

É somente quando a outra pessoa se torna obstinadamente agressiva e começa a abusar da outra pessoa que o Alfa vai primeiramente trazer à tona seu poder de uma forma intimidadora. E se a outra pessoa não se acalmar, terá finalmente que recorrer à violência moderada e comedida para não prejudicar o adversário. Isto é Alfa.

O falso Alfa.

O verdadeiro alfa é bom. A bondade é a característica mais importante para elucidar se uma pessoa que tem atributos alfa é um verdadeiro alfa ou não. O verdadeiro alfa procura sempre fazer justiça, ajudar os outros. É por isso que **um verdadeiro alfa sempre o elogiará**, o valorizará muito e reconhecerá seus méritos.

Hoje, especialmente na televisão, surgiram figuras autoritárias que fingem ser o alfafa. Eles têm uma atitude arrogante e desafiadora e tudo o que fazem é humilhar, depreciar, desvalorizar, ridicularizar, **como regra,** seus semelhantes. Estes falsos alfa nunca elogiam nada e sempre mostram um semblante super-serioso. Eles estão sempre incomodando e humilhando as pessoas, fingindo ser exigentes e perfeccionistas.

Um Alfa não é assim. Estes falsos alfa's têm muito equilíbrio e confiança, mas não são um verdadeiro macho alfa. Um verdadeiro macho alfa pode raramente realizar uma ação semelhante, mas ele apreciará e encorajará imediatamente a pessoa que está sendo censurada. Estes não, eles gostam de humilhar. Eles transferem a frustração que carregam dentro de si mesmos por saber que não são verdadeiros machos alfa na forma de repreensão e desprezo aos outros.

No futuro, prevejo o ressurgimento do verdadeiro macho alfa, uma vez que todos esses canalhas sejam desmascarados e abandonados pelos seguidores.

Pois no final, a justiça e a bondade sempre prevalecem sobre os falsos profetas e as pessoas más.

O perigo de não enfrentar.

O macho alfa sempre se confronta. O **macho alfa sempre responde** ao desafio. O macho alfa sempre faz frente ao opressor. Especialmente se o que está sendo confrontado for um beta. É a obrigação do alfa de enfrentar. É por isso que ele é um alfa, porque ele confronta. É parte de sua essência. Se ele não gosta de algo que diz, se algo o incomoda, se há alguma ação repreensível, ele torna conhecida sua discordância.

Se o confronto não ocorrer, o macho alfa será degradado e se tornará automaticamente um beta. Enquanto ele não fizer o confronto apropriado contra o opressor, ele estará se comportando como um beta e isto irá gradualmente minar o moral do alfa. Se ele não fizer esse confronto, ele acabará se tornando um beta não só nessa situação, mas em todas as situações! Tímido, tímido, inseguro, agradável, prestativo, em suma, um covarde!

Sempre enfrente! Quem quer que seja o adversário.

Afinação.

No início dos anos 2000 e final dos anos 90, estava muito na moda afinar os carros para melhorar seu desempenho.

Claro que eu estava envolvido neste mundo, claro que estava! Eu gostava muito da velocidade, da estética e de todas aquelas coisas pirosas e pegajosas.

Os carros não funcionavam muito bem e algum trabalho teve que ser feito para melhorá-los.

Exaustores, coletores, velas de ignição, cabos, remoção do catalisador, suspensões, freios, rebaixamento da altura do carro, filtros de ar. Muitas coisas que fizeram um pouco, mas parecia muito, e nós ficamos muito felizes com isso.

Mais tarde, surgiram carros muito mais potentes e nada precisava ser feito a eles. Além disso, eles se tornaram muito mais restritivos na ITV, de modo que arruinaram tudo e a indústria desapareceu com uma má reputação.

O interessante de tudo isso é que eu percebi uma coisa.

Todos os clientes nesses lugares eram homems com o mesmo perfil.

Eles eram bonitos, bonitões.

Comecei a refletir sobre este assunto e cheguei à conclusão mais que interessante de que o próprio corpo muscular produz hormônios que incitam ao risco, à violência, à velocidade. Tudo o que é perigoso. Não éramos simplesmente clientes, mas o próprio corpo estava pedindo por estas sensações e esta indústria as estava proporcionando.

Assim, estas oficinas estavam cheias de machos alfa que procuravam acrescentar potência a seus veículos.

Entre aqueles que não se mataram naquele tempo selvagem, havia eu, e agora escrevo isto para que as pessoas saibam o que aconteceu.

Portanto, realmente todos esses homems musculosos não são culpados por suas ações arriscadas porque a própria vida exige adrenalina.

O macho alfa e a sedução.

Já escrevi muito sobre isto em meu livro Sedução 5.0, mas vou apontar um pouco o que é um macho alfa na sedução.

O macho alfa em sedução é um homem:

- Interessante.
- Atrativo.
- Seguros.
- Muito indiferente para as meninas.
- Mais importante ainda, é seletivo.

O macho alfa, ao contrário do sedutor que seduzirá o maior número possível, está em busca de qualidade.

Portanto, ele é muito duro e não pode ser atraído oferecendo-lhe sexo, porque não está procurando por ele. Ele busca a beleza interior e exterior e tem padrões muito altos que devem ser cumpridos.

Portanto, uma ação muito repetida do alfa é rejeitar a menina. Antes de começar e às vezes uma vez iniciada a relação, ele a rejeita. Se ele vê que ela não é como ele pensava que ela era. As pessoas ficam chocadas e pensam - como ele perdeu uma garota tão bonita? Mas o alfa sabe que ele se saiu bem porque ela não está em seu nível.

O alfa tem muitas meninas que querem estar com ele, porque apreciam todas as suas qualidades. Ele não é um sedutor, ele é um homem duro e charmoso.

Ele tende a ter poucas e muito longas relações com meninas de uma beleza incrível.

Os betas.

A maioria das pessoas são betas. São pessoas que precisam de aprovação e validação para tudo o que fazem por outra pessoa. Eles não têm total autoconfiança. Assim, eles giram em torno de um alfa a quem eles idolatram e olham como uma fonte de inspiração. Eles seguem as linhas de pensamento alfa.

São pessoas de vontade fraca que acham difícil tomar decisões, um pouco inseguras e dependentes de outros.

Eles buscam aprovação e se sentem integrados. Eles não podem caminhar pela vida sozinhos porque têm medo. Eles buscam estabilidade e segurança, evitando riscos. Essas pessoas se contentam com piores empregos e salários, piores namoradas, piores posses e pior status. Eles deixam a tarefa de liderança para outros. Eles são meros seguidores. Se tal pessoa for colocada em uma posição gerencial, ela será caracterizada por uma má tomada de decisão e delegará absolutamente tudo a outros. Ele ou ela será um homem de palha que não dá ordens e não decide nada.

São pessoas que querem ser apreciadas a todo custo e que não são totalmente respeitadas. Muitas vezes eles os levam para dar uma volta e não ouvem o que dizem. Eles não têm autoridade.

O máximo que eles conseguem alcançar é uma cópia mal feita de seu líder. Eles não têm sua própria personalidade e suas próprias idéias, mas são bonecos operados por outros. Portanto, acho que deve haver líderes e seguidores. Mas é claro, eu preferiria ser uma pessoa com características de liderança do que apenas um seguidor beta. Tente fazer algo criativo com sua vida. Pelo menos se você não for um líder, tente se diferenciar do resto e ser único e especial.

O poder intimidante do macho alfa.

Tudo na vida é observação, não basta apenas olhar, você tem que ver, olhar e notar as coisas. Os eventos se repetem, os personagens se repetem, as situações se repetem e tudo tem um final previsível, porque se repete uma e outra vez.

Assim, ao observar a vida, percebi que há pessoas que se fazem respeitar de uma forma intimidante e assustadora.

Eles são líderes muito fortes, homens alfa de alto nível que puxam todos os outros junto com sua força e determinação.

Eles são muito poderosos na arte de intimidar e amedrontar rivais e inimigos. Eles fazem isso com um olhar de ódio, com um rosto sombrio, gritando no topo de seus pulmões, pressionando e se aproximando de seus oponentes e invadindo seu espaço pessoal.

É uma demonstração de força que contém estes elementos:

- Olhares matadores.
- Gritando.
- Intimidação.
- Gesticulações violentas.
- Caras loucas.
- Olhos selvagens.
- Empurrando.
- Invasões do espaço pessoal.
- Bofetadas.

Muito semelhante às exibições de alfas de chimpanzés para intimidar um oponente. O objetivo em ambos é intimidar e humilhar o oponente.

Tudo isso transmite que um forte ataque físico está prestes a ocorrer, porque eles parecem totalmente fora de sua profundidade. Portanto, o adversário tem que ser muito intimidado.

Exemplos disso seriam futebolistas como Oliver Kahn, o goleiro alemão, ou Fernando Hierro. Também Fabián Ayala que, apesar de ser pequeno, tinha olhos loucos e assustava os adversários. Quando o macho alfa fica sem paciência, você tem que tremer. Homens a serem temidos e respeitados.

O pedaço de ginásio contra o bruto do vilarejo.

No que diz respeito à força, há dois níveis para o meu paladar.

O típico pedaço de ginásio que passa o dia todo fazendo pesos e fica hipertrofiado e se parece com um super-herói.

E do outro lado está um homem bem menos grande, que parece mais normal e menos forte, mas se você olhar de perto, ele é uma verdadeira besta. O bruto da aldeia.

O pedaço de ginásio terá um corpo mais bonito, mais bem torneado e esteticamente mais agradável. E sim, ele será forte, muito forte.

Mas, em termos de força, ele tem pouco a fazer contra o bruto da aldeia, que tem força sobre-humana. E menos ainda em uma luta.

Onde termina a força do casco, começa a do bruto da aldeia.

O bonitão faz os pesos no calor do ginásio. Sentado em máquinas confortáveis. Isso não é tão difícil quanto o que faz o bruto da aldeia.

O bruto da aldeia trabalha com eixos, enxadas, foices, tratores, sacas e outros implementos. Desde praticamente o nascimento até a morte. No frio, ao ar livre, durante horas e horas todos os dias. Este bruto da aldeia é muito mais duro do que qualquer pedaço de ginásio e qualquer um que o enfrente irá vencê-lo.

Argumentos finais em favor dos machos alfa.

Hoje em dia está muito na moda criticar os homens e nos transformar em selvagens violentos e primitivos. Mas é assim que temos sido há milênios.

O homem procura o risco e o macho alfa ainda mais.

Quando estavam nas cavernas, as fêmeas gostavam do macho alfa e precisavam dele para sobreviver. As coisas não mudaram muito e o macho alfa ainda é indispensável. Ele desempenha a mesma função de uma forma mais sutil. Para proteger e servir - como a polícia!

O macho alfa pode gerenciar níveis de risco muito mais altos do que pessoas normais. Ele é mais capaz e mais válido. Portanto, as regras ridículas que governam toda a sociedade não devem se aplicar a este homem. Ele deveria ter normas separadas.

Particularmente ridículas são as regulamentações de limite de velocidade nas estradas. Pois a capacidade manifesta do alfa é infinitamente maior do que os limites que são estabelecidos. Mas temos que tentar respeitá-los porque não quero ser responsável por ninguém ser morto por causa do que eu digo. Na Alemanha as pessoas aceleram na auto-estrada e não há tantos acidentes como aqui. Porque a velocidade não está relacionada a acidentes. É a velocidade para o tipo de estrada que determina o risco de um acidente. Assim, você pode ir 250 em uma rodovia sem risco, e 70 em uma estrada com risco.

Você tem que ter muito orgulho para ser um homem, digam o que disserem.

A sociedade está nos levando a nos tornar uma espécie de Flandres Líquida. O mundo que eles estão inventando é o mundo do "Homem Demolição" , onde personagens maneirados nos cumprimentam dizendo "Bom dia! Pessoas desmesuradas, não fascinadas, ridículas, e não é assim que as coisas devem ser.

Pessoas que cumprem todas as regras ao pé da letra e que são mais felizes quanto mais suas liberdades são restringidas. Pequenas pessoas sem identidade ou masculinidade, cuja principal aspiração é sobreviver. Apocado explorou os trabalhadores que não protestam contra os abusos. Em resumo, os betas. Weaklings. Mas todos nós sabemos que **a vida não perdoa os fracos.**

Afirmo que a ordem natural não deve ser corrompida pelos betas que lideram os alfas.

Afirmo aqui e agora o orgulho de ser um homem e o orgulho de ser heterossexual.

Eu também me orgulho de ser forte, corajoso e empreendedor. Macho!

Por mais que tentem, eles nunca conseguirão desmascarar o macho Alfa.

———— ❧ ————

Para sempre Alphas!
Viva o macho Alfa!

Vamos jogar!

Autor John Danen

Don't miss out!

Visit the website below and you can sign up to receive emails whenever John Danen publishes a new book. There's no charge and no obligation.

https://books2read.com/r/B-A-FUKJ-UMZDC

BOOKS 2 READ

Connecting independent readers to independent writers.

Did you love *Macho Alfa*? Then you should read *Atrair Mulheres com Masculinidade*[1] by John Danen!

Aprenda a arte de atrair mulheres com masculinidade. Transmita suas qualidades mais masculinas e torne-se um homem cobiçado pelas mulheres.

---

1. https://books2read.com/u/bP7kqz

2. https://books2read.com/u/bP7kqz

Also by John Danen

Seduction 5.0
S.A.X.
Chicas complicadas
Seducción 5.0
El libro del tonto
Macho Alpha
Macho alpha extracto
La seducción después de la pandemia
Terriblemente atractivo
Seducción 5.1
Sedução 5.1
How to be Cool and Attractive
Sedução. Avançada. X.
Garotas complicadas
¡Basta de ser buen chico! Sé un chico malo.
El método JD. El método de seducción de John Danen
El arte de agradarte a ti mismo
¡Basta ya de abusos! ¡Defiéndete!
Enought with the abuse! Defend yourself!
Máster en seducción
Las mujeres. El amor. Y el sexo.
Supera la dependencia emocional
Atrae mujeres con masculinidad
JD Absoluta seducción
El fracaso del amor

Entender a las mujeres
La vida del seductor sinvergüenza y encantador.
El arte de la dureza
Terrivelmente atraente
Deixe de ser um bom da fita! Seja um mauzão.
Superar a dependência emocional
A arte de se agradar
Pare o abuso! Defenda-se!
O fracasso do amor.
O método JD
Overcome Emotional Dependency
Stop Being a Good Boy! Be a Bad Boy
Complicated girls
The Art of Pleasing Yourself
Duro y Sinvergüenza
Mestre en sedução
JD Method
The Failure of Love. The Trap of Serious Relationships
Master in Seduction
A. S. X. Advanced. Seduction. X
Women. Love. Sex
Alpha Male
Attract Women with Masculinity
JD Absolut Seductión
Understanding Women
The Life of the Shameless and Charming Seducer.
The Art of Toughness
Tough and Shameless
Überwindung der Emotionalen Abhängigkeit
Maître en séduction
Schrecklich Attraktiv
Surmonter la Dépendance Émotionnelle
L'art de la dureté

Die Kunst der Zähigkeit
Hör auf, ein guter Junge zu sein, sei ein böser Junge
Assez D'être un Bon Garçon ! Sois un Mauvais Garçon.
Die Kunst, sich Selbst zu Gefallen
Dur et sans Vergogne
Hart im Nehmen und Schamlos
L'art de se Plaire à soi-Même
Das Scheitern der Liebe
L'échec de L'amour.
Meister der Verführung
Die JD-Methode
Maestro di Seduzione
Terriblement Attrayant
La Méthode JD
Capire le donne
Compreendendo as Mulheres
Comprendre les Femmes
Die Frauen Verstehen
Les Filles Compliquées
Komplizierte Mädchen
JD Séduction Absolue
La Vie du Séducteur Charmant et sans Vergogne
Les Femmes. L'amour. Et le Sexe.
Mâle Alpha
S.A.X.
V.F.X.
Donne. Amore. E il sesso.
Ragazze Complicate
Superare la Dipendenza Emotiva
Seduzione. Avanzata. X.
Dark Seducción
Il Fallimento Dell'amore.
Il Metodo JD

Alphamännchen
Atrair Mulheres com Masculinidade
Attirare le donne con la Mascolinità
Attirer les Femmes par la Masculinité
Mit Männlichkeit Frauen Anziehen
Frauen. Liebe. Und Sex.
L'arte di Piacere a se Stessi
Mulheres. Amor. E Sexo.
JD Seduzione Assoluta
Перестань быть хорошим мальчиком! Будь плохим мальчиком.
JD Absolute Verführung
JD Sedução Absoluta
Das Leben des charmanten, schamlosen Verführers
Smettila di Fare il Bravo Ragazzo! Essere un Cattivo Ragazzo.
La Vita del Seduttore Affascinante e Spudorato
A Vida do Sedutor Encantador e sem Vergonha
Macho Alfa
Uomo Alfa
Séduction 5.0
Verführung 5.0

About the Author

Español.

Soy un hombre vividor y divertido que busca el lado bueno de las cosas siempre.

Mi experiencia es el campo de las relaciones personales y de la seducción. Por eso tras dedicarme larguísimas décadas a ello, quiero trasmitir mis conocimientos. Para que las nuevas generaciones tengan unos conceptos que les den una ventaja competitiva sostenible y poderosa en el campo del amor.

Quiero ayudarte a a conseguir tus metas.

Portugués.

Sou um homem animado, e divertido, que sempre procura o lado bom das coisas.

Minha experiência está no campo das relações pessoais e da sedução. É por isso que, após décadas de dedicação a ela, quero transmitir meus conhecimentos.

Quero ajudá-los a alcançar seus objetivos.

Inglés

I am a lively and fun man, who always looks for the good side of things.

My experience is in the field of personal relationships and seduction. That is why, after decades of dedicating myself to it, I want to pass on my knowledge. So that the new generations have concepts that give them a sustainable and powerful competitive advantage in the field of love.

I want to help you achieve your goals

Français Je suis un homme vif et drôle qui cherche toujours le bon côté des choses.

Mon expérience se situe dans le domaine des relations personnelles et de la séduction. C'est pourquoi, après m'y être consacré pendant des décennies, je veux transmettre mes connaissances. Pour que les nouvelles générations disposent de concepts qui leur donnent un avantage concurrentiel durable et puissant dans le domaine de l'amour.

Je veux vous aider à atteindre vos objectifs.